SCHLESWIG HOLSTEIN

Im Norden Mittel-Europa's, wo die Elbe das Meer erreicht, streckt das deutsche Festland, als erhöb' es seinen Arm gen Norden, einen Halbinsel-Damm in das Meer hinaus; dieser Damm heißt die cimbrische Halbinsel. Er theilt die Wassermasse, welche die deutschen Küsten bespült, in zwei Hälften, in eine Ost- und eine Westsee, gemeinhin Nordsee geheißen. Der Damm trennt zwar die Meere, aber zugleich ist er die Brücke zwischen Deutschland und Skandinavien. Seine südliche Hälfte ist Schleswig-Holstein.

Theodor Fontane, Der Schleswig-Holsteinische Krieg
im Jahre 1864

SCHLESWIG HOLSTEIN

Fotografie Tom Krausz
Text Norbert Gansel
Ralf Schröder · Hannes Hansen

Bucher

TITAN

Inhalt

Norbert Gansel

Ein paar Vorworte 9

Ralf Schröder

Schleswig-Holstein: vom Bauernland zum Badestrand 12

Die Geest – der «Müll» der Eiszeit 12
Bauern machen Staat 15
«Patchwork» der Geschichte 16
Haithabu: Weltstadt des Mittelalters 25
Lübeck: Handelszentrum der Hanse 28
Europa mischt munter mit 34
«Schleswig-Holstein, meerumschlungen» 39
Wie Tran und Sprit ins Land kommen 40
Kaisers Kiel 58
Badekarren und Bikinis 63

Zwischen den Meeren 81

Schleswig-Holstein in Erzählungen und Berichten

Hannes Hansen

Städte und Landschaften, Geschichte und Kultur 132

Allgemeine Informationen 132
Sehenswerte Orte und Landschaften 133
... noch einiges Wichtige über Schleswig-Holstein 151

Karte 155
Register 156
Text- und Bildnachweis 159

Seite 1: Am Segelschulschiff «Gorch Fock» im Kieler Hafen.
Seite 2/3: Strand von Wenningstedt auf Sylt.
Links: An der Untertrave in Lübeck.

Stadtbücherei Kiel
BANK COMPANIE NORD

Die Marienkirche in Lübeck, ein gotischer Backsteinbau mit zwei gewaltigen Türmen, wurde ab 1200 im Zentrum der Altstadt errichtet und diente als Vorbild für viele andere Kirchenbauten an der Ostsee. Sie überragte die Stadtinsel bis zu ihrer Zerstörung 1942.

Vorangegangene Doppelseite: Blick vom Kieler Rathausturm über Teile des Hafens. Das Hafenviertel wurde in den fünfziger Jahren neu aufgebaut, nachdem dieser Stadtteil beim Bombardement 1944 völlig zerstört worden war. Links im Bild die Nikolaikirche.

Norbert Gansel

Ein paar Vorworte

«Schreib doch etwas darüber, daß rückblickend in Schleswig-Holstein die Jahreszeiten immer ziemlich kurz sind», sagte meine Frau, als wir um den Küchentisch saßen und die Bilder für dieses Buch betrachteten. Meine Frau kommt aus England. Weil England in grauer Vorzeit von den Angelsachsen erobert wurde, die bekanntlich aus der schleswig-holsteinischen Landschaft Angeln stammten, stellt sie sozusagen einen Re-Import dar. Sie weiß, warum sie zurückkam. In England weiß man nämlich nie, welche Jahreszeit man gerade hat. Der Winter ist ein bißchen wärmer als bei uns, dafür ist der Sommer regnerisch und kühl, zwischendurch soll es Herbst und Frühjahr geben.

Bei uns in Schleswig-Holstein sind die Jahreszeiten kurz, aber echt:

In der Regel gibt es im Winter einige Tage knackigen Frost. Dann sind Null Komma nix die überschwemmten Wiesen und die Teiche zugefroren. Wenn wir Glück haben, auch ein paar von den Seen, von denen wir in Schleswig-Holstein so viele haben. Sind Sie schon einmal auf einem zugefrorenen See Schlittschuh gelaufen? Da die Kälte meist nicht lange dauert, schnallen wir die Schlittschuhe schon an, wenn das Eis man gerade eben trägt und noch nicht richtig fest ist. Es ist ein phantastisches Gefühl, über eine spiegelglatte Seefläche zu laufen, am besten mit Rückenwind, die sich gummi- und fast wellenartig unter einem bewegt. Leider ist es auch ziemlich gefährlich. Ich kann niemandem dazu raten. Jedes Jahr fordert das Schlittschuhlaufen bei uns seine Opfer, wie in den Alpen das Bergsteigen. – Richtige Berge gibt es bei uns nicht außer dem Bungsberg. Jedes Schulkind kennt ihn. Klassenfahrten zum Bungsberg sind Pflichtfach. Der Bungsberg hat sogar einen Skilift, der sich trotz der wenigen Schneetage rentiert! 168 Meter ist der Bungsberg hoch. 169 mißt er mit dem Stein, der seinen Gipfel krönt. Vom Gipfel aus hat man einen phantastischen Blick auf die Wiesen und Felder der Nachbarschaft bis hin zu den wesentlich kleineren Bergen der Holsteinischen Schweiz, einer erholsamen Sommerlandschaft, die für den Wintersport ziemlich ungeeignet ist.

Der Frühling kommt fast überfallartig. Plötzlich ist es draußen warm. Man meint fast, der Sommer sei schon da. Schneeglöckchen, Krokusse und Narzissen blühen fast gleichzeitig. Die Wildenten sind da! Zuerst auf den sumpfigen Wiesen entlang der Eider. In England ist «Eiderdaunen» fast ein Synonym für «Federbetten». Eiderdaunen, das sind die weichen, flockigen Federn der Eiderenten. Die Eider ist unser längster Fluß, der sich, aus der Mitte Schleswig-Holsteins an Kiel vorbei über den Nord-Ostsee-Kanal, quer durch das Land zur Halbinsel Eiderstedt schlängelt und bei Tönning in die Nordsee mündet. Mit dem Frühling kommen an der Ostseeküste die Heringe zum Laichen tief in die Förden hinein. Die Leute aus der Landschaft Angeln heißen Angeliter. Die Angeliter stellen nur einen kleinen Teil der Schleswig-Holsteiner. Einen größeren machen die Angler aus. Im April wird nicht geangelt, sondern nach Heringen gepilkt. Beim Angeln braucht man Ruhe, beim Pilken Tempo. Wenn man einen guten Tag erwischt, kriegt man in einer Stunde den halben Feudeleimer voll mit Heringen. In der Pfanne gebraten oder in einem alten Ofenrohr im Garten mit Buchenholz geräuchert – eine Delikatesse. Im Mai blüht der Raps. Der Raps duftet durch die geschlossenen Fenster bis in das Auto hinein. Fenster runterkurbeln und eine tüchtige Nase voll nehmen, irgendwo anhalten und sich drüber freuen: riesige, gelbe Rapsfelder in der gewachsenen Struktur der Knicklandschaft und – oft im Mai – vor blauem schleswig-holsteinischem Himmel. Das tut gut!

Bei Karlsminde nahe der Eckernförder Bucht, inmitten von Rapsfeldern, die zur Blütezeit im Mai das Landschaftsbild Schleswig-Holsteins prägen, steht ein Hünengrab, ein frühgeschichtlicher Megalithring. Der Grabbau wurde um 2500 v. Chr. angelegt.

Sommer in Schleswig-Holstein! Vor ein paar Jahren sind wir leichtsinnig gewesen (und unvorsichtig) und haben den Juli am Mittelmeer verbracht. Quälende Hitze, vom Sonnenölgeruch am überlaufenen Strand benebelt, vom Straßenlärm erdrückt (Warum verläuft in Frankreich immer eine Straße neben dem Strand, warum in Spanien immer eine Eisenbahnlinie?), von Auto- und Taschendieben belästigt, von der Rückfahrt im Stau zerschlagen, kehrten wir Anfang August zurück ins geliebte Schleswig-Holstein. Der Sommer war gerade da. Seit einer Woche schien die Sonne, die Stadt war leer. Raus zum Strand, wo die anderen schon sind! Vorbei an wogenden Kornfeldern und grünen Wäldern über Stichwege zum Strand. Der Strand war herrlich! Gelegentlich stieß man auf die anderen. Es roch nach Seetang. Bunte Segel von Booten und Surfern auf der Eckernförder Bucht, der Wind morgens frisch und abends seidig. Aus Osten. Das bedeutet: Das Wetter bleibt gut. Sommer an der See. Natürlich an der Ostsee, das ist für mich eine Frage der Weltanschauung. Schließlich komme ich aus Kiel.

Einsame Strände gibt es noch an der ganzen deutschen Ostseeküste, von Flensburg bis zum Priwall an der Landesgrenze zu Mecklenburg und jetzt wieder dazugehörend bis zum Seebad Ahlbeck in Vorpommern. Nur an der Lübecker Bucht ist es immer ziemlich voll. Dort führt die Straße nämlich am Strand entlang – mit Autobahnanschluß für die Hamburger. Lübeck ist noch immer eine schöne Stadt. Sie hat den Bomben des Krieges widerstanden und trotzt jetzt den Städteplanern. Lübeck lohnt sich, wenn der Sommer durch Regen unterbrochen wird, und das kann Wochen dauern.

Auch an der Westküste lohnen sich ein paar Regentage in Glückstadt, Meldorf, Heide, Tönning, Husum und vor allem in Friedrichstadt. Da rasen die Touristen mit ihren Autos meist hindurch, um auf dem schnellsten Wege zu den Inseln zu kommen – am liebsten nach Sylt. Sylt hat das beste Wetter in Schleswig-Holstein. Auf Sylt ist immer Saison, und im Sommer meistens Sommer. Aber das gilt auch für Amrum und Föhr. Zum Glück wissen das die wenigsten. Da ist es auf diesen Inseln um so schöner. Ruhe!

Ebbe und Flut, große Wellen und weites Watt, Sanddünen auf den Inseln und an der Küste Deiche, Deiche, Deiche – das gibt es an der ganzen Nordseeküste, und es hat seinen Reiz zu jeder Jahreszeit.

Sommer, Sonne, Erntezeit: Dieses für den Nordosten Schleswig-Holsteins typische Bild entstand bei Salzau, in der Nähe des Selenter Sees.

Herbst Gedankenstrich. Herbst ist insgesamt ein bißchen länger als anderswo. Herbst ist im Herbst und zwischendurch. Stürme und Regen und als Kontrastprogramm Toten-Windstille mit dickem Nebel. Nebel – schallschluckend und grau, farbenschluckend. Man zieht sich nach innen, um nicht verschluckt zu werden. Die schleswig-holsteinische Nachdenklichkeit, der Hang zum Grübeln und zum Spintisieren hängen damit wohl zusammen. Und dann ist plötzlich der Winter da – Jahreszeiten.

Grau ist der Herbst. Die Farben Schleswig-Holsteins sind Blau-Weiß-Rot. Die Trikolore der Französischen Revolution in die Horizontale gelegt. Blau ist die See (ehrlich ! – bei den richtigen Sichtverhältnissen), weiß ist der Strand (ein bißchen goldfarben, würde man anderswo sagen, aber wir halten nichts von Lyrik), und weiß gekalkt sind viele alte Häuser. Rot ist der Backstein der alten gotischen Kirchen und der öffentlichen Gebäude aus der Gründerzeit.

Die Trikolore hat etwas mit unserer revolutionären Vergangenheit zu tun. 1848 – nationalistisch und kriegsbegeistert, republikanisch. 1918 nicht mehr so nationalistisch, kriegsgeschädigt und schon wieder republikanisch. Die erste erfolgreiche deutsche Revolution wurde von den Kieler Matrosen und Werftarbeitern gemacht. Der Kaiser mußte abdanken. Eigentlich ist Kiel der Geburtsort der Weimarer Republik, der ersten deutschen Demokratie. – Wir machen Geschichte und Geschichten, neuerdings auch Affären.

Die Horizontale, der Horizont. Der Seemann sagt: «die Kimm». Wo immer man in Schleswig-Holstein wohnt, man braucht keine Stunde, um ans Meer zu gelangen. Es gibt so einen schleswig-holsteinischen Urinstinkt, «ans Wasser zu gehen». Manch Binnenländer meint, man täte das, um das Spiel der Wellen zu beobachten oder nach Schiffen Ausschau zu halten. Nein, so niedlich ist das nicht. Es geht uns nicht darum, etwas zu betrachten. Es geht um etwas Großes: Es geht um den freien Blick, der nicht durch Fenster eingeengt und nicht durch Häuser und Berge versperrt werden darf. Den Horizont sehen. Ganz weit nach vorne sehen, jenen Strich, wo alles zu Ende ist und alles wieder anfängt. Wenn man einige Zeit im Binnenland war, merkt man plötzlich, daß einem etwas fehlt: der Horizont. – Fehlt Ihnen etwas? Bei uns werden Sie es finden. Schleswig-Holstein, das Land zwischen den Horizonten, Land zwischen den Meeren.

Ralf Schröder

Schleswig-Holstein: vom Bauernland zum Badestrand

Die Geest – der «Müll» der Eiszeit

«Schleswig-Holstein ist wie ein Schwein», pflegte meine Großmutter zu sagen, «ein magerer Rücken und zwei fette Speckseiten.» Aus der Sicht der Bauern stimmt das Bild. Gemüsebauern in den Elbmarschen und schwarzbunte Kühe in den nordfriesischen Kögen prägen die Westseite des Landes. Die östliche Speckseite ist eher eine Kornkammer. Getreidefelder ziehen sich von Flensburg bis Lübeck, in Angeln durch die typischen Knicks unterteilt, in Ostholstein auf Gutsherrenart parzelliert.

Aber was liegt dazwischen? Die Geest, der magere Altmoränen-Rücken, ist nicht weiter erwähnenswert, besteht sie doch aus Sand und Steinen. Ein eiszeitlicher Müllberg sozusagen.

Aus dem Niederdeutschen kommt das Wort Geest, sagt mir mein schlaues Lexikon, und es bedeute «trocken, unfruchtbar», ja sogar «klaffend, rissig». Für die Speck-Bauern von Nord- und Ostsee muß die Geest die Wüste sein. Was zwischen den reichen Feldern liegt, ist Unland – zumindest im Bewußtsein der Urbevölkerung.

Ich fahre trotzdem nach Itzehoe, komme vom Elbdeich bei Glückstadt, will diese Wüste mit eigenen Augen sehen. Die Deichkrone ist mehrfach erhöht worden. Runde zehn Meter ist der Deich hoch. Dahinter liegt platt die Marsch. Die höchsten Erhebungen in der Marsch ist nicht mehr die Kuh; auch vor 300 Jahren waren die Höfe hier schon so reich, daß sie ihr Vieh um ein Mehrfaches überragten.

Rechter Hand taucht Lägerdorf auf. Es liegt auf einer Geestinsel in der Marsch. Besonderes Kennzeichen: Weißgrauer Kalkstaub hat den kleinen Ort eingepudert. Bereits seit Anfang des vorigen Jahrhunderts zehren hier Kreidemühlen und Schlämmereien von den bis zu 700 Meter tiefen Kreideschichten. Die Eiszeit hat sie nur spärlich bedecken können. Bauern hatten auf dem mageren Boden immer darben müssen. Die Kreide- und Zementindustrie schaffte der Landbevölkerung ein Einkommen.

Vor mir liegt Itzehoe. Die Stör, die sich durch die Marsch schlängelt, wird auf einer Betonbrücke, dem Stolz der siebziger Jahre, überquert. Hier ist der Geestrand genau zu sehen. Dort beginnt das Inland. 51 Meter hoch der Berg im Ortsteil Edendorf, 31 Meter hoch die «Zwölf Berge» linker Hand bei Oldendorf. Das muß den Marschbauern ungemein beeindruckt haben, dieser Höhenunterschied.

Schleswig-Holstein ist Bauernland, oder man treibt Fischfang. Wo beides nicht möglich ist, da ist eben nichts. Die Geest fehlt im Bewußtsein des Landes ebenso wie das Herzogtum Lauenburg, das erst 1876 von den Preußen Schleswig-Holstein zugeschlagen wurde. Nein, ich übertreibe nicht. Gewiß, Schleswig-Holstein ist mehr als nur Scholle (ob nun Ackerscholle oder Scholle Ellerbeker Art), aber sie machen es einem nicht leicht, den Rest zu entdecken.

In Molfsee bei Kiel gibt es ein sehr schönes Freilichtmuseum. 1961 wurde es gegründet mit dem Ziel, die «Mannigfaltigkeit der gewesenen Bauernhausformen und rustikalen Brauchtumsarten [...] lebendig vorzustellen». Prächtige Höfe stehen in Molfsee, so der Heydenreichsche Hof aus dem Elbmarschdorf Herzhorn. 1697 erbaut, wurde sein darob 60 000 Mark ärmerer Besitzer kurze Zeit später zum Kirchspielvogt berufen. Repräsentation kostet: 1711 wurde ein zweigeschossiges Sommerhaus angebaut. Spätere Familienmit-

Friedrichstadt liegt am Zusammenfluß von Eider und Treene und ist ein Städtchen mit bemerkenswerter Geschichte: Hier gab der Herzog von Holstein-Gottorf glaubensverfolgten Niederländern eine Heimstatt und profitierte damit von deren Können im Deichbau und der Entwässerung. Die Neusiedler schufen eine Stadt im holländischen Stil mit Grachten und Brücken.

Am Strand von Wyk auf Föhr. Die heilende und wohltuende Wirkung der Nordseeluft für die Atmungsorgane hat die Insel zu einem beliebten Kurort gemacht.

Die «Gorch Fock» ist das Segelschulschiff der Bundesmarine, das in der Kieler Förde seinen Heimathafen hat. Sie lief 1958 vom Stapel und gehört als eine der letzten Windjammer zu den Sehenswürdigkeiten der Meere.

glieder bauten weiter um und an, immer auf der Höhe der jeweiligen Mode. Diese Bauern hatten das Selbstbewußtsein der betuchten Bürger der Städte.

Zwischen all den üppigen Höfen, bei denen der Wohlstand aus jedem Fenster blitzt, finden sich auch ein paar einfachere Katen, die bezeugen, daß es nicht nur wohlhabende Großbauern gab. Doch wenn ich auf die Karte schaue, die die regionale Herkunft der Häuser des Freilichtmuseums nachweist, muß ich feststellen: die Geest gibt es (fast) nicht.

Bauern machen Staat

Der Westen Schleswig-Holsteins war freies Bauernland. Großherrschaftliche Strukturen waren kaum bekannt. Dithmarschen, heute zum Landkreis degeneriert, war bis 1559 eine selbständige Bauernrepublik mit eigenständiger Verfassung. In der Schlacht von Hemmingstedt, zwischen Meldorf und Heide gelegen, schlugen die Dithmarscher Bauern die Truppen von König Hans und Herzog Friedrich am 28. Januar 1500 vernichtend. Die Fürsten neideten den Dithmarschern nicht nur ihren bäuerlichen Reichtum, auch die ständische Verfassung ohne Adel war ihnen ein Dorn im Auge. Die Angreifer verdingten das berühmt-berüchtigte Söldnerheer der «Schwarzen Garde», das bereits in ungarischen, kaiserlichen, dänischen und sächsischen Diensten den Wohlstand umverteilt hatte. Rund 12 000 Mann standen in den fürstlichen Truppen Armbrust bei Fuß, während auf Dithmarscher Seite nur halb soviel Bauern kämpften.

Was wie eine klare Sache aussah, wurde für die schleswig-holsteinischen Ritter und Fürsten zu einem Fiasko. Auf hartgefrorenem Boden rückten die fürstlichen Truppen nach Meldorf vor, ohne auf nennenswerten Widerstand zu stoßen. Das Wetter half den Dithmarschern: Es begann zu tauen und zu regnen. Die Dithmarscher öffneten die Schleuse bei Ketelsbüttel, und das fürstliche Heer versank in Schlamm und Chaos. Dort hinein stießen die Dithmarscher und metzelten den Gegner nieder. Der hatte dort schließlich nichts zu suchen. Und den Feldmarschall Hans von Ahlefeldt kostete die Schlacht nicht nur den Kopf (und vermutlich auch den Kragen), sondern auch den Danebrog. Die Dithmarscher Bauern im Besitz des geheiligten Siegesbanners Waldemars II., dem Symbol der schleswig-holsteinischen Ritterschaft – das ist der Stoff, aus dem Mythen gestrickt werden.

Am 20. Juni 1559 hat der letzte deutsche Bauernstaat kapitulieren und die Waffen abgeben müssen. Gegen die Übermacht von 17000 Mann in Waffen konnten die diesmal schlecht organisierten Dithmarscher nichts ausrichten. Das Fürstentum hatte gesiegt, doch die Mär vom freien Bauern lebt in den Köpfen und Gebäuden weiter. Auch wenn sich die Bauern in Nordfriesland und den Elbmarschen nicht so spektakulär schlugen wie die Dithmarscher, mangelt es doch auch ihnen nicht an Freiheitssinn und Unwillen gegenüber Adel und Obrigkeit.

An der anderen Speckseite, der Ostseeküste, wurde das Land schon früher verteilt. Ostholstein war bis in das 12. Jahrhundert hinein wendisch, also slawisch, gewesen. Unter dem Schutz Heinrichs des Löwen wurde Ostholstein kolonialisiert und christianisiert. Damit war eine erste Etappe der später folgenden Ostkolonisation bewältigt. Zu einem freien Bauerntum ist es in diesem Teil Holsteins durch Jahrhunderte nicht gekommen. Da wurden Lehen vergeben, Herrschaften gewechselt und Land durch Erbfolge zerstückelt. Aber nur bis zur Größe eines Gutshofes, kleiner teilte man nicht. Die Herrschaften sollten ja auch etwas zum Leben haben. Und so reihen sich noch heute prächtige Gutshöfe, Herrenhäuser und kleine Schlösser an der schleswig-holsteinischen Ostseeküste und im östlichen Holstein.

«Patchwork» der Geschichte

All die Herrenhäuser und Schlösser zeugen von einer Besonderheit der schleswig-holsteinischen Geschichte: der Kleinststaaterei, die im 17. Jahrhundert ihren Höhepunkt erreichte. Ich nehme einen Geschichtsatlas zur Hand, der mir den Stand von 1622 zeigt: Schwabstedt an der Treene: königlich dänischer Anteil. Friedrichstadt, rund fünf Kilometer Luftlinie entfernt: herzoglicher Anteil. Glücksburg: Besitz der sogenannten abgeteilten Herren oder auch Sonderburger Linien. Flensburg, nur wenig weiter landeinwärts, ist wieder königlich dänisch. Die Gegenden Angeln und Schwansen werden weitgehend gemeinsam regiert.

Weiter östlich wird es fast kleinkariert. Da streiten sich die Städte Hamburg und Lübeck mit dem Herzogtum Holstein um Gebiete von wenigen Quadratkilometern. Das Bistum Lübeck fordert auch seinen Teil, und Holstein-Pinneberg ist eine eigene Grafschaft. Zum Glück gehören das Bistum Ratzeburg und das Herzogtum Lauenburg noch nicht zu Holstein ... doch nein – Mölln gehört den Städten Hamburg und Lübeck, und auch der Herzog von Holstein gebietet über ein Einsprengsel im Lauenburgischen. Verstehe das, wer will. Jedenfalls sieht die Karte buntgescheckt aus. Patchwork der Geschichte.

Was so kompliziert wurde, fing eigentlich ganz einfach an. Von Norden besiedelten die Dänen das Land bis an die Schlei. Im Nordwesten saßen die Friesen, im Osten die Slawen und im südlichen und westlichen Holstein die Sachsen. Da sich die Slawen und die Sachsen nicht so recht mochten, zog sich in der Höhe des heutigen Kurortes Bad Segeberg, wo Winnetou alljährlich mit Old Shatterhand auf dem Kalkberg gegen das Böse ... aber das ist eine andere Geschichte, also bei Segeberg befand sich der sogenannte Limes Saxoniae. Römer waren aber trotz des Namens nicht im Spiel. Die Dänen hatten auch Angst und bauten das Danewerk, eine Verteidigungsanlage bei Haithabu. So blieb die Verteilung der Gebiete bis in das 12. Jahrhundert hinein ohne allzu große Veränderungen.

Mit den mehr oder weniger christlichen Versuchen, die Bevölkerung nördlich der Elbe zu christianisieren, fing das Verwirrspiel an. Die Slawen durften nicht mehr mitspielen, sie wurden nach Osten verdrängt oder, wie wir heute sagen würden, assimiliert. Es dauerte seine Zeit, nämlich bis ins 12. Jahrhundert, bis Schleswig-Holstein christianisiert war. Gut 300 Jahre brauchten Friesen, Dänen und Sachsen, bis sie die Botschaft Christi verstanden

Fortsetzung Seite 25

Schloß Wotersen im Herzogtum Lauenburg. Das Herrenhaus im Stil der holsteinischen Gutsanlagen wurde Ende der achtziger Jahre Drehort einer Fernsehserie um die dramatische Geschichte der Familie Guldenburg.

Nächste Doppelseite: Am Möllner See. Mölln ist eine der ältesten Siedlungen im Herzogtum Lauenburg und erhielt bereits 1202 Stadtrecht. Da die Stadt am Schnittpunkt wichtiger Handelswege – der via regia (alte Salzstraße) und dem Stecknitzkanal – lag, gelangte sie bald zu Reichtum, der sich noch heute in den mittelalterlichen Häusern zeigt, und den Zauber der Stadt ausmacht.

Schloß Wotersen bietet dem Schleswig-Holstein Musikfestival ein stimmungsvolles Ambiente für Konzerte klassischer Musik.

Links und rechts: Besonders reizvoll in der Altstadt von Lauenburg sind die alten, inzwischen etwas windschiefen, aber dennoch gut erhaltenen Fachwerkhäuser aus dem 16. und 17. Jahrhundert. Sie sind oft reich verziert mit Backsteinornamentik und Schnitzereien.

Ratzeburg liegt mitten in einem See und ist über einen Damm mit dem Festland verbunden. Heinrich der Löwe – der stolze Löwe (Bildvordergrund Mitte) kündet davon – errichtete hier ein Bistum und stiftete um 1160 den Dom, der sich majestätisch über die Insel erhebt (Bildhintergrund).

Nächste Doppelseite: In Beidenfleth, wo die Stör durch die Marsch der Elbe zufließt, bläst der Westwind von der Nordsee kräftig durch das flache Land – ein guter Standort für Windmühlen.

Die Grander Mühle östlich von Hamburg ist ein idyllisch gelegenes Restaurant, umgeben von Grander Heide und Hahnheide im Norden und dem Sachsenwald im Süden.

hatten. Dabei hatten die Herren weder Geld noch Mühe gescheut und Bistümer und Klöster eingerichtet. Bereits Ludwig der Fromme (778–840) hatte das Erzbistum Hamburg–Bremen gegründet. Kaiser Otto der Große (912–973) ließ in Schleswig, Ripen und Oldenburg in Holstein Bistümer errichten.

Vor allem im 13. Jahrhundert folgten viele Klostergründungen. Preetz, ehemals wendisch, erhielt 1211 ein Benediktinerkloster, und in Cismar war 1231 Baubeginn. Beide zeugen noch heute von dieser Epoche der Christianisierung, die wohl den größten Umbruch der Geschichte in diesem Jahrtausend einleitete. Die meisten Klöster entstanden auf ehemals wendischem Gebiet – die Rechtgläubigen meinten wohl, dort sei es besonders von Nöten. Doch auch die Mönche waren nicht ohne ... Cismar wurde gegründet, weil die Bevölkerung von Lübeck sich über den gar zu freizügigen Lebenswandel der Mönche beklagt hatte. Der Bremer Erzbischof schickte daraufhin die Lübecker Benediktinermönche in den Wald bei Cismar, wo sie in aller Abgeschiedenheit ein gottgefälliges Leben führen sollten. Erst 1256 begaben sie sich murrend nach Cismar.

In Cismar ist leider nur noch ein Teil der ursprünglichen Anlage zu sehen, da das Kloster im 16. Jahrhundert säkularisiert und teilweise abgebrochen wurde. Auch in Preetz ist von den ursprünglichen Klosterbauten nur wenig erhalten. 1542 wurde das Kloster zum Stift für adelige Damen umgebaut. Die meisten Gebäude, die erhalten sind, stammen aus dem 18. Jahrhundert, sind aber trotzdem sehenswert, da hier ein ganzes Ensemble aus Häusern und alten Bäumen und Straßen unversehrt blieb. So stoßen wir heute wenigstens in Bruchstücken noch auf die Zeugnisse des 13. Jahrhunderts, als die Auflösung der alten Gebiete im großen Stil begann.

Haithabu: Weltstadt des Mittelalters

Ein früheres Zeugnis ist das Danewerk nahe Schleswig, das zum Schutz der dänischen Besitzungen zwischen Haithabu und der Treene angelegt wurde. Haithabu, das wahrscheinlich Mitte bis Ende des 8. Jahrhunderts gegründet wurde, sollte vor sächsischen Angriffen geschützt werden – es waren nämlich nicht nur die Wikinger, die auf Raubzüge gingen. Deshalb legte König Göttrik den Kograben zwischen dem Selker Noor und der Rheider Au an. Später wurde die Anlage ausgebaut und fast bis an die Treene geführt. Letztmalig instand gesetzt wurde das Danewerk im 19. Jahrhundert zum Krieg gegen Preußen und Österreich.

Haithabu, die Handelsstadt an der Schlei, nahm einen besonderen Platz im Ost-West-Handel ein. Mit den Maßstäben des vorigen Jahrtausends gemessen, darf der Ort als Weltstadt gelten, mit den für den Norden auch heute noch üblichen kleineren Dimensionen. Eider, Treene und Rheider Au bildeten den Vorläufer des Nord-Ostsee-Kanals, mit dem Unterschied, daß die Schiffe die letzten Kilometer über Land getragen oder auf Rundhölzern gerollt werden mußten. Haithabu muß sehr wohlhabend gewesen sein. Davon zeugen nicht nur reichhaltige Grabfunde, sondern auch die gegenseitigen Überfälle von dänischer und deutscher Seite. Auch die Wenden und die Norweger fielen gelegentlich ein, wenn sie Kleingeld benötigten. Das darf man ruhig wörtlich nehmen, denn Haithabu verfügte über eine eigene Münzprägestätte. Haithabuer Münzen sind im Landesmuseum in Schloß Gottorf bei Schleswig zu betrachten.

Für den arabischen Kaufmann Al-Tartushi aus Cordoba stellte sich der Ort allerdings anders dar. Schließlich kam er aus einer der Hochburgen mediterraner Kultur. Er besuchte um 950 Haithabu und beschreibt den Ort in seinen Memoiren: «Haithabu ist eine große Stadt am anderen Ende des Weltmeeres. Im Innern der Stadt gibt es Frischwasserbrunnen. Bis auf einige wenige Christen, die eine eigene Kirche besitzen, verehren die Menschen dort den Sirius. Zu Ehren ihres Gottes wird ein Eß- und Trinkgelage abgehalten. [...] Die Stadt besitzt nicht viele Güter und Reichtümer. Da es reichlich davon gibt, stellt Fisch das Hauptnahrungsmittel der Einwohner dar. Oft geschieht es, daß sie ein Neugeborenes im Meer aussetzen, um sich der Aufzucht zu entziehen.»

Im Museum von Haithabu, der größten frühgeschichtlichen Siedlung Schleswig-Holsteins, wurden in einer Halle, die dem Rumpf eines Wikingerschiffs nachempfunden ist, die Überreste des «Drachenseglers» zusammengesetzt. Das Wikingerkriegsschiff war vor etwa tausend Jahren im Haddebyer Noor gesunken, seine Überreste hat man zwischen 1975 und 1985 geborgen.

Haithabu ist ein gutes Beispiel dafür, daß die Wikinger nicht nur brandschatzten und auf Raubzüge gingen, sondern auch seßhafte Kaufleute waren. Man vermutet zwar, Haithabu sei eine friesische Gründung, doch durch die Herrschaft von König Göttrik und später König Harald Blauzahn (ca. 940–986) war der nordische Einfluß stärker. Das lassen auch die gefundenen Wikingerschiffe vermuten. In dem vor wenigen Jahren neu angelegten Haithabu-Museum ist ein Prachtexemplar von 24 Meter Länge und sechs Meter Breite ausgestellt, das durch den moorigen Grund des verlandeten alten Hafens hervorragend erhalten ist. Es ist größer als das in Oslo stehende Oseberg-Schiff, das 21,60 Meter in der Länge und 5,10 Meter in der Breite mißt. Allerdings ist das Oseberg-Schiff als Prunkschiff wesentlich aufwendiger gearbeitet als das Handelsschiff aus Haithabu.

Haithabu lag aber nicht nur günstig für den Ost-West-Handel, auch in Richtung Norden und Süden wurde fleißig verkauft. An der Stadt vorbei führte der Ochsenweg nach Jütland und gen Süden, so daß Haithabu im Schnittpunkt der Handelswege lag. Kein Wunder also, daß sich Heinrich I. heftig für die Stadt und ihre Waren interessierte. 933 überfiel er sie kurzerhand und verleibte sie seinem sächsisch-fränkischen Reich ein. Harald Blauzahn holte 983 die Stadt in den dänischen Herrschaftsbereich zurück.

Von der Stadt ist nichts geblieben als der Vorwall und die im Museum ausgestellten Gegenstände. Im Vorwall, der zum Haddebyer Noor hin offen ist, sind noch die Durchlässe zu erkennen, in denen sich früher die Stadttore befanden. Der Wall hat nichts genützt, als die Stadt 1066 von den Wenden überfallen und zerstört wurde. Die Bewohner wurden entweder erschlagen oder hatten die Nase voll von Haithabu – der Ort wurde nicht wieder aufgebaut. Es mögen auch wirtschaftliche Gründe gewesen sein, die einem Wiederaufbau entgegenstanden. Die Schiffe waren zu groß geworden für den Hafen von Haithabu, die Schlei zu flach. Statt dessen wurde Schleswig gegründet.

Das waren noch überschaubare Zeiten. Zwar wechselte Haithabu ab und an den Besitzer, doch es profitierte durch den Handel ja auch von seiner Grenzlage zwischen

Im Landesmuseum für Vor- und Frühgeschichte in Schloß Gottorf sind gut erhaltene Funde aus der Wikingerzeit zu besichtigen: oben links ein Schwertscheidenbeschlag und zwei Mundstücke mit Verzierungen, oben rechts ein Wikingerschwert aus Haithabu. Viele der Stücke wurden im Moor gefunden: Mitte links ein Silberhelm aus dem zweiten Jahrhundert n. Chr., Mitte rechts eine goldene Zierscheibe aus dem Thorsberger Moor aus derselben Zeit, unten links die mumifizierte Moorleiche eines Mädchens von Windeby. Auch Kleidungsstücke wurden im Moor konserviert: unten rechts eine Männerhose aus Wollstoff, die aus dem 1. bis 3. Jahrhundert aus dem Thorsberger Opfermoor bei Süderbrarup stammt.

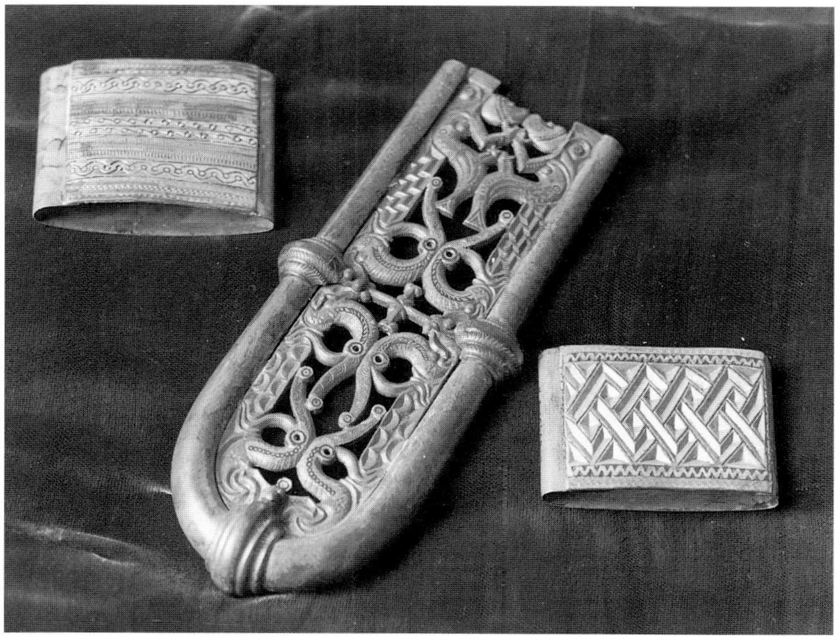

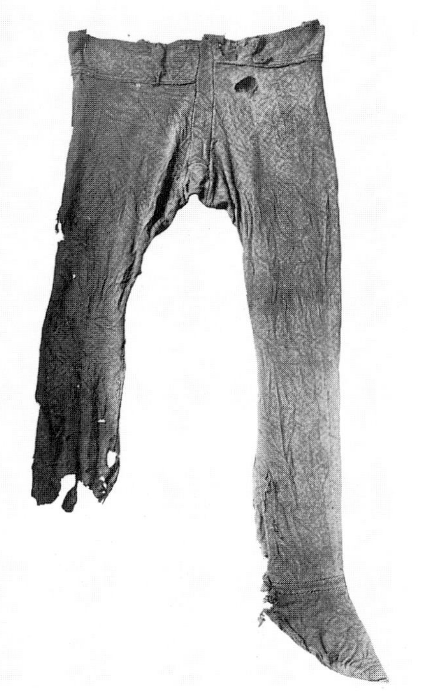

Seiten der ersten erhaltenen Ausgaben des Volksbuches «Till Eulenspiegel», gedruckt in Straßburg bei Johann Grieninger, 1515. Till Eulenspiegel, der Narr mit der Schellenkappe, soll wirklich gelebt haben und 1350 in Mölln gestorben sein.

holsteinischem und dänischem Herrschaftsbereich. Das Überfallenwerden gehörte sozusagen zum Berufsrisiko der Kaufleute. Die Reibereien entlang des Danewerks aber sollten noch weitgreifendere Bedeutung bekommen.

Lübeck: Handelszentrum der Hanse

Springen wir doch mal eben hundert Jahre weiter und rund hundert Kilometer nach Osten – nach Lübeck. Als Haithabu zerstört wurde, hieß Lübeck noch Liubice und war wendisch. 1138 wurde der Ort bei kriegerischen Handlungen zerstört. Fünf Jahre später ließ Graf Adolf II. von Holstein den Ort etwas weiter landeinwärts wieder aufbauen. Doch erst die dritte Gründung der Stadt, 1158, ein Jahr nach der alles vernichtenden Feuersbrunst, hatte Bestand. Die Stadt nahm einen schnellen Aufschwung. 1160 wurde das Oldenburger Bistum nach Lübeck verlegt, und bald darauf baute man hier schon die für die Hansezeit so typischen Koggen. Die Lage am Ende der Salzstraße war für die Blüte der Stadt ebenso wichtig wie das Fehlen ernsthafter Konkurrenten.

Und damit befinden wir uns fast schon in der Hansezeit, an die heute noch Namen wie Lufthansa und Hansaplast erinnern. Reichsfreiheit durch Friedrich II. 1226, Gründung der Deutschen Hanse 1356 in Lübeck, Schiffe mit bis zu 100 Tonnen Fracht, wir huschen durch die Jahrhunderte. Im Jahre 1500 leben rund 25 000 Menschen in der Hansestadt, die das Zentrum des Ostseehandels geworden ist. Damit ist Lübeck die größte Stadt im norddeutschen Raum; größere Städte finden sich erst weiter im Süden mit Köln, Wien, Prag und Straßburg. Lübecker Kaufleute sitzen im norwegischen Bergen, im schwedischen Kalmar, im gotländischen Visby, im russischen Nowgorod und im estnischen Reval. Und überall gilt Lübsches Recht. Im ehemals wendischen Osten braucht es nicht nur Klöster,

Links: Zu den ehrbaren Berufen der Zünfte und Stände gehörte an der Küste der Schiffszimmermann, der in einem Buch über die «Hauptstände», Regensburg 1698, seine Würdigung fand. Der Kupferstich ist von Christoph Weigel, die Verse stammen von Abraham a Sancta Clara.

Rechts: Unter dem Motto «Behutsamkeit gewinnt den Streit» wird auf diesem Kupferstich aus dem 17. Jahrhundert der Wal(fisch)fang gezeigt.

sondern auch Kirchen. Bereits 1173 läßt Heinrich der Löwe mit dem Bau des Domes beginnen, dessen zwei Türme über die kleinen Bürgerhäuser an der Trave wachen. Doch zur Weihe im Jahre 1247 waren schon Neubaupläne im Gange. Die Marienkirche, die Petrikirche, die Jacobikirche und die Aegidienkirche werden im 13. Jahrhundert erbaut, teilweise anstelle älterer Holzkirchen. Im 14. Jahrhundert folgt die Katharinenkirche. Das eindrucksvolle Stadtbild mit den Kirchentürmen wird ergänzt durch die ehemaligen Befestigungsanlagen, von denen das Burgtor und das Holstentor erhalten sind. Ein kurzer Blick ins Portemonnaie und auf den 50-Mark-Schein bringt es mir näher.

Daß Lübeck Geld hatte, ja selbst prägen durfte, hat der Rat der Stadt gern zur Schau gestellt. Das Rathaus ist noch immer ein eindrucksvoller Beweis dafür. Zwischen dem 13. und 15. Jahrhundert entstand es in verschiedenen Bauabschnitten. Warum es heute noch steht? Weil danach schlechtere Zeiten kamen. Hamburg hat seine mittelalterliche Bebauung durch ständiges Wachstum, durch das Größer, Neuer, Schneller der Geschichte nicht behalten. Sein monumentales Rathaus stammt aus dem 19. Jahrhundert. Doch mit Lübeck ging es nach der Blütezeit der Hanse bergab, seine Einwohnerzahl sank auf 17 000 Einwohner im 18. Jahrhundert, Hamburg wurde das Wirtschaftszentrum des Nordens.

Seinen schwärzesten Tag erlebte Lübeck in der Nacht vom 28. auf den 29. März 1942. Britische Bomber flogen den ersten Flächenangriff auf eine deutsche Stadt und zerstörten den alten Stadtkern. Es war eine bewußte Aktion, und Lübeck war mit Bedacht ausgewählt. Ein Symbol sollte getroffen werden, ein Symbol, das für Wirtschaftsmacht, Bürgertum und deutsche Kultur stand: die Heimatstadt von Thomas und Heinrich Mann. Die Buddenbrooks sollten in ihren Werten getroffen werden. Was übrigblieb, war ein Haufen Schutt. Zuvor hatte Adolf Hitler der Stadt bereits ihre Reichsunmittelbarkeit entzogen, sie war zur Provinzkreisstadt degradiert worden. Die materiellen Schäden ließen sich zumin-

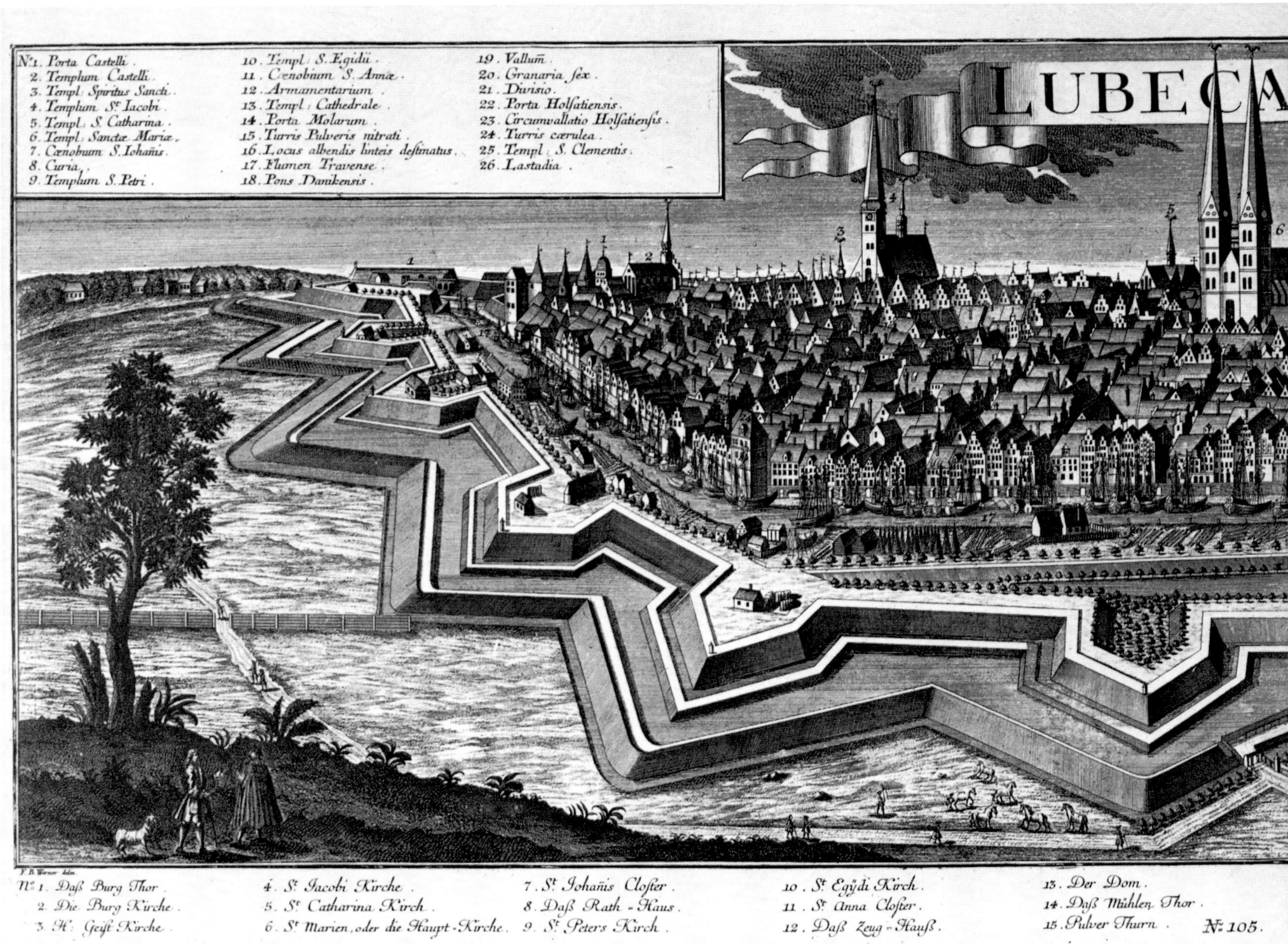

Oben: Lübeck (Kupferstich, ca. 1740). Unten, von links nach rechts: Kriegsschiff der Hanseflotte (Gemälde, 1565); Kiel (Kupferstich, 1588); Vertrag, den mehrere Hansestädte 1361 mit Schweden und Norwegen gegen den König von Dänemark und gegen die Seeräuber schlossen; Klaus Störtebeker (Kupferstich aus dem 16. Jahrhundert).

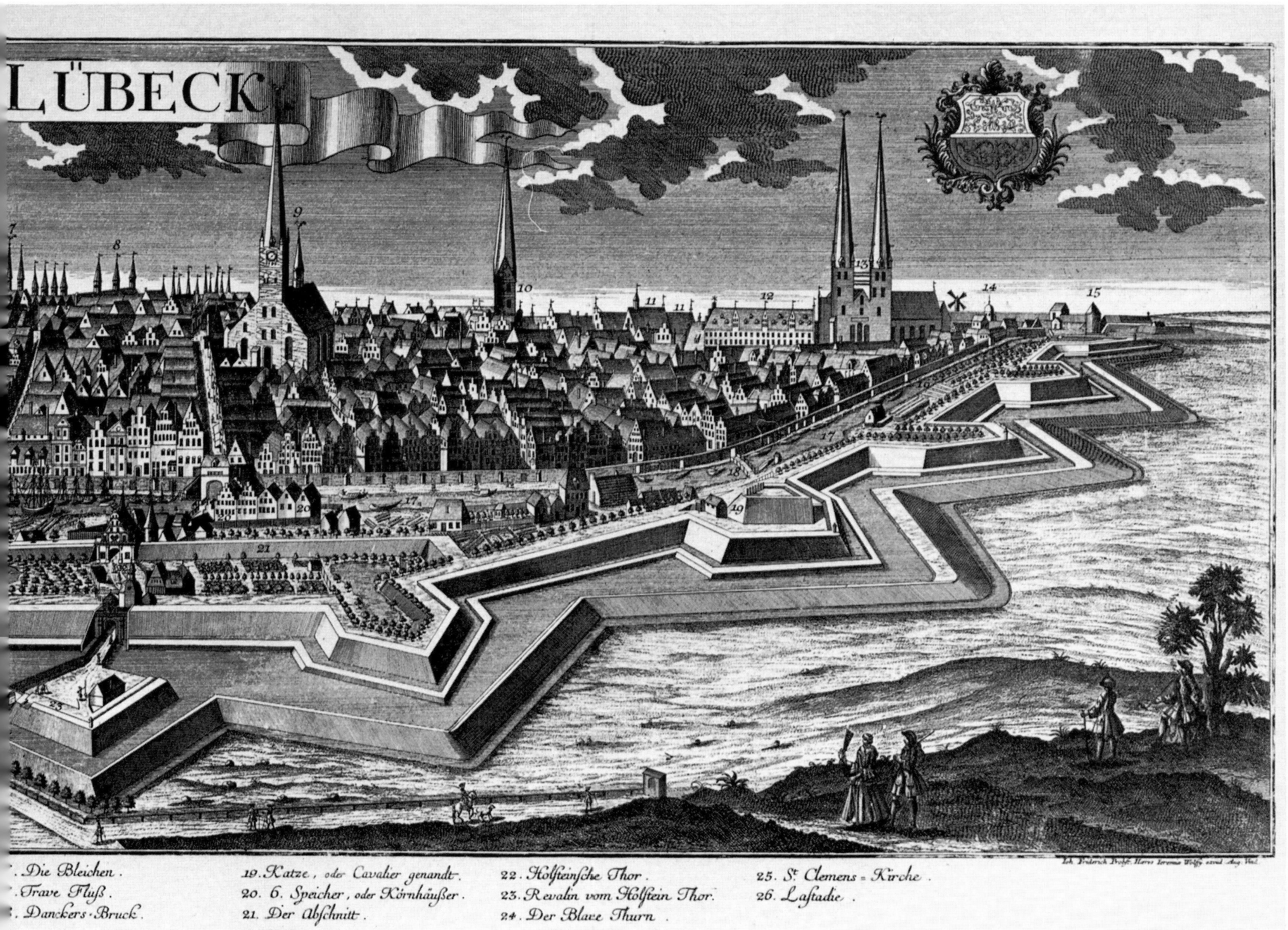
LÜBECK
. Die Bleichen
. Trave Fluß
. Danckers Bruck
19. Katze, oder Cavalier genandt
20. 6. Speicher, oder Kornhäußer
21. Der Abschnitt
22. Holsteinsche Thor
23. Revalin vom Holstein Thor
24. Der Blawe Thurn
25. St. Clemens-Kirche
26. Lastadie

Claus Stürtz den Becher

Im Haus der Schiffergesellschaft (links) in Lübeck befindet sich heute ein Restaurant (Foto von 1899). Die Breite Straße, die am Rathaus entlangführt, war um 1900 eine Flanier- und Einkaufsstraße der Lübschen Bürger (rechts).

Um 1890 sieht man das prunkvolle Lübecker Rathaus, das seit dem 15. Jahrhundert vom Reichtum der Stadt und ihrer Vormachtstellung im Ostseeraum zeugte, noch unversehrt (siehe auch Seite 35). Die Bäume auf dem Rathausmarkt sind nach dem Krieg nicht wieder angepflanzt worden.

Ein eindrucksvoller Brunnen, dessen neugotischer Turmaufbau auf dem historischen Foto mit einem Seitenschiffturm der Marienkirche «konkurriert», beherrscht die Mitte des Lübecker Marktplatzes (Foto um 1912).

Über die Hafenanlagen und Kais an der Untertrave, von wo aus jahrhundertelang das wertvolle Salz weiterverschifft wurde, sieht man auf Lübecker Kaufmannshäuser, auf die Marienkirche (links) und die Petrikirche (rechts) (Foto um 1900).

dest an den Fassaden reparieren, wenn auch wertvolles Interieur in den Kirchen und Häusern der Stadt für immer verlorenging. Doch den Verlust der Unabhängigkeit haben die Lübecker bis heute nicht verschmerzt. Sie sind in Schleswig-Holstein der bürgerliche Gegenpart zu den Bauern in Dithmarschen: niemandem untertan, und das bis zur Hochnäsigkeit (sagen die Kieler).

Europa mischt munter mit

Aber bevor wir wieder in der Gegenwart ankommen, wollen noch vierhundert Jahre Geschichte in wenigen Absätzen zusammengefaßt werden. Der unter dänischer Herrschaft stehende Landesteil Schleswig wurde im 13. Jahrhundert ein Herzogtum. Die Schauenburger, die bereits in Holstein herrschten, wurden mit Schleswig belehnt, wodurch zum ersten Mal in der Geschichte beide Landesteile vereint waren. Der dänische König Christian I. schrieb die Unteilbarkeit im Ripener Privileg 1460 fest. Statt sich daran zu halten, was da freiwillig unterschrieben worden war, teilten die folgenden dänischen Könige und holsteinischen Herzöge nach ihrem Erbrecht das Land in immer kleiner werdende Fleckchen. Der Einfluß der Stände schwand mehr und mehr, die fürstliche Herrschaft obsiegte. Allerdings nicht eine Herrschaft, sondern zwei bis drei. Die Gottorfer Herzöge, die sich mit Schloß Gottorf bei Schleswig eine prachtvolle Residenz erbauen ließen, stritten sich regelmäßig mit dem dänischen König.

Nun müßten wir noch einige Prisen europäische Geschichte dazumischen. Beispielsweise die, daß der Gottorfer Herzog Karl Peter Ulrich 1762 russischer Zar wird, obwohl er als geistig recht beschränkt gilt. Fortan wird er als Peter III. in den Büchern geführt. Im gleichen Jahr noch, bevor der Zar sich auf einen Krieg mit Dänemark um Schleswig einlassen kann, wird er ermordet. Verheiratet ist er mit Katharina der Großen, die ihm auf dem Zarenthron folgt. Sie zieht Heer und Flotte zurück, und statt um Schleswig zu kämpfen,

Nach einem alliierten Bombenangriff im März 1942 (Foto vom 2. April 1942) war der Stadtkern von Lübeck mit seinen historischen Bauten der Backsteingotik fast völlig zerstört. Erst in den sechziger Jahren konnten die Türme der Marienkirche (Mitte) wieder aufgebaut werden.

überläßt sie auch noch Holstein dem dänischen König. Dadurch ist Schleswig-Holstein nun erstmalig unter einem Herrscher vereinigt.

Die Ruhe ist eine scheinbare. Europa holt auch das aufgeklärte Dänemark, das 1805 die Leibeigenschaft abschafft, wieder ein. Napoleon heißt der Verantwortliche, dessen Niederlage die Dänen teilen. Und nun wird es wieder kompliziert. Die Dänen geben Norwegen an die Schweden ab, erhalten als Ausgleich das Herzogtum Lauenburg dazu, sind aber verpflichtet, für die Herzogtümer Holstein und Lauenburg Mitglied des Deutschen Bundes zu werden. So gilt nun für das dänische Holstein deutsches Verfassungsrecht, für das dänische Schleswig dänisches Recht. Der Streit zwischen Dänen und Deutschen ist vorprogrammiert.

Märzrevolution 1848: Die Schleswig-Holsteiner wollen das Land zu einem Teil des deutschen Gesamtstaates machen, den es noch nicht gibt. Nicht nur deshalb scheitert ihr Aufstand. Im Londoner Vertrag von 1852 wird die dänische Herrschaft noch einmal festgeschrieben, doch unter der Bedingung, Schleswig nicht zu dänifizieren. Gab es doch Bestrebungen in Dänemark, Schleswig ganz dem dänischen Staat einzuverleiben und Holstein abzugeben. Bismarck suchte einen Anlaß und fand ihn in der dänischen Sprachpolitik: Im Februar 1864 marschieren preußische und österreichische Truppen in Schleswig-Holstein ein und überrollen das Danewerk, das damit endgültig ausgedient hat. Ein halbes Jahr dauerte der Krieg, um den sich Europa ausnahmsweise einmal nicht scherte. Dänemark wird besiegt, Schleswig zum ersten Mal in seiner Geschichte deutsch. Im Prager Frieden verzichtet Österreich auf seine Ansprüche, Schleswig-Holstein ist bis Kolding hinauf preußisch. Zwar wird ein Recht auf eine Volksabstimmung im Vertrag festgehalten, aber bis 1920 nicht eingelöst.

Erst der verlorene Erste Weltkrieg löste die Minderheitenfrage. Auch diese Grenze wird im Versailler Vertrag neu geregelt – Europa mischt munter mit. In der Volksabstimmung von 1920 entscheidet sich die Mehrheit in der ersten Abstimmungszone für Dänemark, in

Im Deutsch-Dänischen Krieg zwischen 1848 und 1850 ging es um die deutsche oder dänische Zugehörigkeit von Schleswig-Holstein. Der zeitgenössische Neuruppiner Bilderbogen zeigt den Einzug der preußischen Truppen 1848 in Schleswig.

1864 entbrannte erneut der Deutsch-Dänische Krieg, der mit dem Sturm auf die Düppeler Schanzen bei Sonderburg durch die Preußen seine Entscheidung fand. Auf einer zeitgenössischen Lithographie ist die Erstürmung vom 18. April 1864 dargestellt.

Im Prager Friedensvertrag von 1866 wurde festgelegt, daß Nordschleswig über seine territoriale Zugehörigkeit in einer Volksabstimmung entscheiden sollte. Diese (erst im Februar/März 1920 durchgeführte) Abstimmung entschied, daß Nordschleswig weiterhin zu Dänemark gehören sollte. Im Februar 1920 kam es, wie hier in Hadersleben, zu Demonstrationen der deutschen Einwohner (links). Rechts oben: prodeutsches Propagandaplakat von 1919. Rechts unten: Paßkontrolle an der deutsch-dänischen Grenze bei Wassersleben nahe Flensburg im Jahr 1921.

Das Foto zeigt das Geschehen des Deutsch-Dänischen Krieges wesentlich nüchterner als die Lithographie auf Seite 36 unten. Hier sieht man die Düppeler Schanzen bei Sonderburg in Dänemark nach der Erstürmung durch die preußischen Truppen.

Die Stadt Plön ist auf einer Landbrücke zwischen zahlreichen Seen inmitten der Holsteinischen Schweiz gelegen. Der Große Plöner See ist das größte Binnengewässer des Landes, auf dem viele meist baumbestandene Inselchen zu schwimmen scheinen.

der zweiten Abstimmungszone, die einen Streifen von Flensburg bis Niebüll umfaßt, stimmt die Mehrheit deutsch. Und so verläuft die Grenze noch heute.

Die Minderheitenfrage darf man heute trotz gelegentlicher Reibereien als gelöst bezeichnen. Die kleine, mit Verlaub erzkonservative deutsche Minderheit in Nordschleswig steht einer recht großen, rund 50 000 Einwohner umfassenden dänischen Minderheit auf schleswig-holsteinischer Seite gegenüber. Die dänische Minderheit hat einen eigenen Abgeordneten im Kieler Landtag, der eher durch sein liberales skandinavisches Demokratieverständnis als durch volkstümelndes Beharren auffällt. Nur hin und wieder knistert es, und die alten Animositäten brechen wieder auf. Da weigert sich ein Museumsdirektor in Flensburg, eine zweisprachige Beschilderung in seinem Hause anzubringen. Oder ein schleswig-holsteinischer Ministerpräsident ändert kurzerhand das Wahlgesetz, damit nicht die eine dänische Stimme Zünglein an der Waage werden kann. Es wäre ja noch schöner, wenn ein Däne über einen deutschen Ministerpräsidenten entscheiden würde, war seine Argumentation.

Damit endet unser Parforceritt durch die Geschichte Schleswig-Holsteins in der Gegenwart. Grenzen sind immer ein Thema gewesen, zumindest für die Herrschenden. Schleswig-Holstein war immer ein Bindeglied zum Norden, und den dänischen Einfluß kann man auch heute noch überall spüren. Eine Einheit wie Bayern, das sich allenfalls mit den Franken rumschlagen muß, ist Schleswig-Holstein aber nie geworden. Nordfriesland bleibt friesisch, Dithmarschen bleibt unabhängig, und Lübscher Bürgeradel bleibt was Besseres, und alle drei haben nichts miteinander zu tun. Vereint sind sie nur in ihrer Wertschätzung der Landeshauptstadt Kiel gegenüber: «Ach, die in Kiel da ...»

Wenn es überhaupt eine Hauptstadt in Schleswig-Holstein gibt, dann ist das Hamburg, die dicke, fette Stadt. Weggenommen hat man ihnen diese Stadt, die glaubt, eine unabhängige und freie Reichsstadt zu sein. Schließlich haben die Dänen diesen Status erst 1768 anerkannt. Und die Hälfte des heutigen Hamburgs ist ohnehin dänisch – oder holsteinisch – je nach Standpunkt. Altona, eine dänische Gründung, und Wandsbek, kein kleiner Stadtteil, waren bis zu dem Groß-Hamburg-Gesetz der Nationalsozialisten von 1937 holsteinische Städte. Noch immer wird am sogenannten Hamburger Hauptbahnhof herumgebaut, damit endlich er und nicht der Bahnhof Altona der wahre Hauptbahnhof wird. Nur die Hamburger sehen die Geschichte anders. Für sie ist Schleswig-Holstein ein netter Vorgarten. Und die Großstadt züngelt immer weiter in das benachbarte Bundesland hinein. Hamburger Speckgürtel nennen die Holsteiner die wohlhabenden Einfamilienhaus-Dörfer der Pendler; halb wohlwollend auf die erheblichen Steuereinnahmen, halb verunsichert auf den wachsenden Moloch Hamburg schauend.

«Schleswig-Holstein meerumschlungen»

Was also hat Schleswig-Holstein zusammengehalten, wenn nicht die politischen Grenzen? Was hatten der Lübecker Hansekaufmann und der Bauer auf Föhr mit dem Elbmarschenknecht gemeinsam? Meist sind es ja äußere Feinde, die den Zusammenhalt stärken. Doch dieser war nicht nur Feind, sondern auch Lebensgrundlage. Die Rede ist vom Wasser, vom Meer, das ständig präsent ist. «Schleswig-Holstein, meerumschlungen» heißt es im Schleswig-Holstein-Lied. Und wahrlich, Nordsee, Ostsee und Elbe begrenzen das Land fast überall. Die Landesgrenze zwischen Schleswig-Holstein und Mecklenburg-Vorpommern führt durch Wakenitz, Ratzeburger See und Schaalsee, ebenfalls reichlich Wasser. Lediglich die deutsch-dänische Grenze ist eine rein politische.

Das Wasser war Handelsweg und nahezu unerschöpfliche Nahrungsquelle. Der Wohlstand der Hansestädte Lübeck und Hamburg baute ebenso auf Wasser wie die Küstenfischer der Ostsee oder die Walfänger der Nordsee und Elbmarschen. Und an dem Meer hingen weitere Arbeitsplätze: die Schiffsbauer und Werften, die Netz- und Segelmacher, die Reepschlägereien und Schiffsausstatter – sie alle lebten vom Meer. Viel, zumindest in Arbeitsplätzen gemessen, ist davon nicht geblieben. Container bestimmen das Bild des Frachtverkehrs, die Taue sind Fabrikware und die Werften seit Jahren in der Krise. Die große Zeit der Seeleute ist vorbei.

Die beste Reputation genossen die Walfänger. Ihr schwieriges und gefahrvolles Geschäft wurde bis weit in dieses Jahrhundert hinein als Meisterstück der Seefahrt betrachtet. Heute ist der Walfang ins Zwielicht geraten angesichts der vom Aussterben bedrohten Wale und der ökologischen Krise der Meere. Moby Dick gehört nicht mehr zur empfohlenen Jugendlektüre, höchstens als abschreckendes Beispiel. Was der Walfang für frühere Generationen bedeutete, mag das Beispiel der Kleinstadt Glückstadt an der Elbe zeigen. Glückstadt war 1617 vom dänischen König Christian IV. als Konkurrenz zu Hamburg gegründet worden. Von hier aus sollte ihm glücken, was ihm von Altona aus nicht geglückt war: die Kontrolle des Elbhandels. Doch Glückstadt hat trotz königlicher Förderung die in die Stadt gesetzten Hoffnungen nie erfüllen können.

In Glückstadt lebte bis vor einigen Jahren Wanda Oesau, eine Nachfahrin einer alten Kommandeursfamilie. In ihrem Familienbesitz befand sich wertvolles Quellenmaterial zum schleswig-holsteinischen Walfang, das sie in mehreren Büchern und Aufsätzen der Öffentlichkeit zugänglich machte. Von 1671 bis 1863 fuhren Walfangschiffe ins grönländische Eismeer, um Wale und Robben zu fangen. Mit fast 600 Ausfahrten steht Glückstadt damit neben Altona für den größten Teil der schleswig-holsteinischen Walfangausfahrten.

1818 war das beste Jahr für die Glückstädtische Grönlandfahrt. 17 Grönlandschiffe waren damals in Glückstadt beheimatet. Für den kleinen Hafen war das Auslaufen der Schiffe ein Großereignis. Auf jedem Schiff arbeiteten rund 50 Mann Besatzung, und ausgelaufen wurde meist im Januar. So waren zum Jahresbeginn rund 800 Seeleute in der Stadt und dazu noch ihre Angehörigen, die sich von ihnen verabschiedeten, wußte man doch nicht, ob das Schiff mit Mann, Bruder oder Sohn heil heimkehren würde.

Die Grönlandfahrer kamen aus ganz unterschiedlichen Schichten. Die einfache Besatzung bestand aus Heuerlingen, die nicht unbedingt als Matrosen ausgebildet waren. Meist stammten sie aus den Elbmarschen oder von der Westküste. Den Rest des Jahres arbeiteten sie als Tagelöhner bei Bauern. Wenn die Schiffe im Mai oder Juni zurückkehrten, kamen sie rechtzeitig zur Erntezeit. Herbst und Winter halfen sie beim Dreschen und waren so das ganze Jahr in Lohn und Brot. Geheuert wurden die Mannschaften per Anzeige in der örtlichen Zeitung, der Glückstädter Fortuna. Dort hieß es beispielsweise am 4.1.1834: «Häuerung von Grönlandsfahrern. Am Montage, dem 20sten Januar d.J., soll für die hiesigen Grönlandsfahrer gehäuert werden. Diejenigen Leute, welche sich zur bevorstehenden Reise zu engagieren gedenken, müssen sich daher des Morgens hieselbst einfinden.»

Die Kommandeure der Grönlandfahrer hingegen waren gesuchte Spezialisten. Viele berühmte Namen stammen von den Inseln Föhr, Amrum, Sylt und Röm. Sie verdienten gut, anscheinend oft besser als die Reeder, die regelmäßig in Konkurs gingen. Erk Ketels aus Toftum auf Föhr (1797–1868) ist vom elften bis zum 53. Lebensjahr zur See gefahren, davon 15 Jahre lang als Kommandeur des Glückstädter Grönlandschiffes «Der Kleine Heinrich». Erk Ketels hinterließ «außer Haus und Land für zwei Kühe noch 12–14 000 Courant Mark». Arfst Ketels (1808–1884), ebenfalls aus Toftum, galt als besonders tüchtiger und erfolgreicher Kommandeur, er hinterließ 35 000 Reichsmark.

Der Glückstädter Kommandeur Claus Meyn, Bruder des Großvaters von Wanda Oesau, konnte sich am Ende seiner Laufbahn ein eigenes Anwesen auf einer Warft in der Störmündung bauen und kaufte zudem das Schiff, das er kommandiert hatte. Er starb 1910 mit über 92 Jahren und hinterließ Wanda Oesau Schiffsjournale, die interessante Aufschlüsse über Arbeit und Leben auf den Glückstädter Grönlandfahrern geben. Sie überliefern auch die Begründung, die Meyn zur Einstellung des Walfangs 1863 gab: «De Grönlandfahrt hett keenen Zweck mehr, de Norwegers baut Dampers, und wi hinkt mit uns hölten Pütt ümmer achterna!» Das Industriezeitalter hielt auch im Walfang Einzug.

Doch auch vorher war es schwer gewesen. Napoleon holte die Grönlandfahrer auf hoher See ein. Blockaden der Elbmündung durch die Engländer hatten 1807 die Beschlagnahme von fünf Glückstädter Grönlandfahrern zur Folge. Und 1848 versperrten die Dänen den Glückstädter Schiffen die Heimkehr. Ursache für den Ärger war die dänische Orlogsflagge, die die Schiffe führen durften. Sie war die Flagge der dänischen Kriegsmarine. Sie zu führen war eine besondere Auszeichnung für die Schiffe. Ihretwegen hießen die Schiffsführer auch Kommandeur und nicht Kapitän wie auf gewöhnlichen Handelsschiffen. Doch zu Kriegszeiten gereichte ihnen das Privileg zum Nachteil. So waren selbst die Seeleute den Grenzstreitigkeiten an Land ausgesetzt.

Wie Tran und Sprit ins Land kommen

Von der Seefahrt lebte es sich auch an Land nicht schlecht. Eine Tranbrennerei entstand, die fürchterlich gestunken haben muß, glaubt man den alten Erzählungen. In einer Altonaer Beschwerde aus dem 17. Jahrhundert heißt es: «Der Speck, woraus der Thran gekocht

Fortsetzung Seite 57

Nördlich der Elbmündung liegt Friedrichskoog. Hier gibt es eine Fischersiedlung und einen Fischereihafen, von dem aus die bunten Kutter über das Wattenmeer in die offene See ziehen.

Nächste Doppelseite: Theodor Storm hat seine Heimatstadt Husum die graue Stadt am Meer genannt. Ist man jedoch weniger melancholischer Stimmung, sieht man sie schon morgens um acht an einem Sonnentag farbenfroh und unbeschwert.

HOTEL
HOTEL
P

Oben und unten: Am Kaiser-Wilhelm-Koog. Die Köge sind dem Meer abgewonnenes Marschland, das durch Deiche geschützt wird. Die Schafe dürfen nur im Deichvorland grasen.

Im Frühjahr werden Zäune errichtet, um die Schafherden beieinander zu halten, vor allem aber, damit sich die Muttertiere nicht allzusehr von den Lämmern entfernen.

Nächste Doppelseite: Bei Witzwort in Eiderstedt auf dem Weg nach Husum kommt man an diesen Fischteichen vorbei, die in rekultivierten Kiesgruben angelegt worden sind. Über der unendlich scheinenden Ebene türmen sich die unvergleichlichen Wolkengebirge der norddeutschen Küstenlandschaft.

Auf Nordstrand steht eine der drei von zweiundzwanzig Kirchen der Nordfriesischen Inseln, die bei der großen Oktobersturmflut des Jahres 1634, bei der Altnordstrand in drei Teile geteilt wurde, übrigblieben. Der alte Seefahrerfriedhof, auf dem nicht nur die Einheimischen ihre letzte Ruhestätte fanden, ist ein Dokument des Tributs, den das Meer seit jeher fordert.

«Schau mal wieder vorbei», sagt die Eiderstedterin in ihrer alten Tracht am Ortsausgang von Oldenswort.

In Seebüll kurz vor der dänischen Grenze lebte der Maler Emil Nolde seit 1926, hier starb er 1956, fast neunzigjährig. In seinem Wohnhaus wurde ihm ein Museum errichtet.

Nächste Doppelseite: Der Rote Haubarg, ein bekanntes Restaurant und zugleich Heimatmuseum, bei Tönning.

Am Strand von St. Peter-Ording. Wie an vielen anderen Nordseestränden sind die Wachhäuser der Strandwacht auf Pfählen errichtet, um bei Ebbe weit übers Watt zu schauen und bei Flut nicht «baden zu gehen».

Die reetgedeckten Katen auf den Nordseeinseln und entlang der Küste, wie hier bei St. Peter-Ording, werden heute kaum noch von Fischern bewohnt; meist sind sie zu mietende Ferienhäuser geworden oder befinden sich im Besitz von Festlandbewohnern …

Auf dem Deich bei Westerhever an der Westspitze von Eiderstedt, das durch seinen 41,5 Meter hohen Leuchtturm (Bildhintergrund) bekannt ist.

Nächste Doppelseite: Wo die Trene in die Eider mündet, liegt mitten in Schleswig-Holstein die «Holländerstadt» Friedrichstadt. Sie wurde 1621 von holländischen Remonstranten und Mennoniten gegründet und im Stil der schmalen niederländischen Häuser mit den Treppengiebeln erbaut.

FAHRTEN
PETER RIEF
FAHRTEN

Rund um Tönning gibt es so viel Wasser, daß es für den Freizeitangler keine Schwierigkeit sein dürfte, ein stilles Plätzchen zu finden.

wird, ist in völlige Fäulniß getreten, mithin ist es unstreitig, daß die Ausdünstungen von dem kochenden Thran, besonders im Sommer bey der starken Hitze, unleidlichst, abscheulich, pestenzialisch sind. Wir kennen Leute, die von dem Dunst und Geruch bey dem jetzigen Thranbrennen im Vorbeygehen ohnmächtig geworden sind und erbrechen mußten.»

Aus den mitgebrachten Seehund- und Walroßfellen wurde alles mögliche hergestellt, von Tabakstaschen über Maschinenriemen bis zu Tapeten. Schiffswerften richteten die Schiffe wieder her, die oft arg ramponiert von der Fahrt durch Eis und schwere See zurückkehrten. Und vier Reepschlägereien versorgten um 1800 die auslaufenden Schiffe mit genügend Tauwerk. Eine dieser Reepschlägereien ist wieder aufgebaut im Freilichtmuseum in Molfsee. So wie in Glückstadt und Altona sah es auch an großen Teilen der Westküste aus, wenn auch im kleineren Maßstab. Überbleibsel der großen Zeit der Grönlandfahrt findet man vor allem in Form von kunstvoll gestalteten Grabsteinen auf den Friedhöfen der Insel Föhr, aber auch in den Museen in Glückstadt, Husum und Flensburg.

An der Ostseeküste herrschte traditionell der Küstenfischfang vor. Auf große Fahrt gingen nur wenige. Zwar war der Flensburger Hafen ein bedeutender Umschlagplatz und Heimathafen für bis zu 200 Schiffe, aber in der Grönlandfahrt versuchten sich doch nur wenige Reeder. Flensburgs Reeder spezialisierten sich vielmehr auf den Westindien-Handel. Sie importierten Zuckerrohr und Rum, der auch heute noch aus Flensburg kommt. Hauptabnehmer war Norwegen, bis es 1814 Schweden zugeschlagen wurde.

Sieben Alkohol- und Hefefabriken verzeichnet die Chronik für das Jahr 1895 sowie mehrere Zuckerwerke. Die Firma Hermann G. Dethleffsen, die auch heute noch existiert, errang für ihre «Specialität: Nordlicht», einen «Tafel-Aquavit», 1891 Preise in Brüssel und London. Damals hieß das Unternehmen noch schlicht «Spritfabrik u. Destillation». Flensburg gehört zu den Städten in Schleswig-Holstein, die vergleichsweise früh industrialisiert wurden, auch wenn die politischen Wirren dem Handel zunächst nicht förderlich waren. Gehörte die Stadt bis 1864 zu Dänemark, mußte sie ihre Absatzmärkte nach dem preußisch-österreichischen Sieg nach den Maßgaben des deutschen Zollvereins richten. Doch die wirtschaftliche Entwicklung der Stadt belegt, daß ihr die preußische Vereinnahmung nicht geschadet hat.

Gravierender wirkte sich die Entstehung eines Wasserwegs aus, der Flensburg das Wasser abgrub und Kiel zu einer immer wichtiger werdenden Stadt machte: der Kaiser-Wilhelm-Kanal, heute etwas unpersönlicher Nord-Ostsee-Kanal genannt. 1895 wurde die Wasserstraße mit Glanz und Gloria eröffnet. Doch auch vorher hatte man nicht mehr den Weg der Wikinger über Eider, Treene und Rheider Au gewählt. 1777–1784 wurde der Eider-Kanal gebaut, der den Oberlauf der Eider bis Kiel schiffbar machte. Doch der Eider-Kanal, von dem heute noch romantisch zugewucherte Reste zu betrachten sind, reichte nur für kleine Schiffe aus.

Der Hamburger Reeder Heinrich Dahlström, liebevoll auch «Kanalström» genannt, bearbeitete die Verantwortlichen in Politik und Wirtschaft so lange, bis eine positive Entscheidung für den neuen Kanal fiel. Bismarck persönlich soll sich gegen den Willen Moltkes für den Kaiser-Wilhelm-Kanal eingesetzt haben.

Was die Wirtschaftlichkeit angeht, so haben sich die Erwartungen erfüllt. Der Nord-Ostsee-Kanal ist die meistbefahrene Wasserstraße der Welt, noch vor dem Suezkanal und dem Panamakanal. 46 603 Schiffe passierten 1989 den Nord-Ostsee-Kanal, was etwas mehr als der Hälfte der Schiffe von 1965 entspricht. Der Transport zur See ist nur noch bedingt konkurrenzfähig, und die Kosten für ein Schiff im Kanal sind nicht gerade niedrig. Dafür erspart er dem Schiff rund 150 Seemeilen um das Skagerrak und im Frühjahr, Herbst und Winter das Abreiten der unausweichlichen Stürme.

Es war in erster Linie die Flottenpolitik, die Kaiser und Kanzler zum Bau des Kanals bewog. Die Marine, großteils in Kiel stationiert, sollte ohne Verzug in der Nordsee parat stehen können. Der erste Ausbau des Kanals war schon nach wenigen Jahren fällig. Die Schlachtschiffe waren für die Fahrrinne zu dick geworden. Auf die ursprüngliche Breite von 66,5 Meter folgten Verbreiterungen auf 102,5 Meter bis zu den heutigen 162 Meter. Knappe hundert Kilometer mißt der Kanal von den Schleusen bei Brunsbüttel bis nach Kiel-Holtenau.

Durch den Nord-Ostsee-Kanal wurde eine neue Grenze durch Schleswig-Holstein gezogen. Bauern mit dem Hof auf der einen und den Ländereien auf der anderen Seite waren wenig begeistert von den Schiffen, die durch ihre Wiesen und Felder zogen. Bauern, die die spärliche Krume des Geestbodens bewirtschafteten, waren hingegen glücklich über den Kanalschlick, der ihre Felder fruchtbar machte. Und die moorigen Böden der Niederungen wurden trockengelegt. Die Landwirtschaft hat den Kanal akzeptiert, er wird nicht mehr als Grenze empfunden.

Ein Gutteil mögen die großen Brücken und kleinen Kanalfähren dazu beigetragen haben. Das imposanteste Bauwerk ist sicherlich die 1913 fertiggestellte Eisenbahnbrücke bei Rendsburg, die den gewagten Konstruktionen des Gustave Eiffel durchaus Konkurrenz machen kann. 3,2 Millionen Nieten halten die Rendsburger Hochbrücke bis heute zusammen.

Damit die Züge 42 Meter über dem Kanal die Schiffe überqueren können, ist ein größerer Anlauf für die unbeweglichen Lindwürmer nötig. Viereinhalb Kilometer weit fahren die Züge eine Schleife, über die sie sich auf die Höhe der Brücke emporschrauben. Unter der Brücke sorgt eine Schwebefähre für Aufsehen. Sie transportiert, von langen Stahlseilen gehalten, Menschen und Fahrzeuge über das künstliche Hindernis.

Die Kapazität der Schwebefähre reicht natürlich schon lange nicht mehr aus für den Verkehr. In Rendsburg helfen der Autotunnel, eine Fähre und die neue Autobahnbrücke beim Über- oder Unterqueren des Nord-Ostsee-Kanals. Das Ganze ist kostenlos, auch die Fähren. Das Ticket zahlt Vater Staat, namentlich die Bundesregierung als Rechtsnachfolger des Wilhelminischen Kaiserreiches. Schließlich handelt es sich um ein künstlich angelegtes Hindernis, an dem Bonn auch verdient. Eine Bundesstraße auf dem Wasser, sozusagen.

Ein anderer Wasserweg hat seit Ende des Zweiten Weltkrieges stetig an Wichtigkeit verloren. Der Verkehrsweg Elbe, gleichzeitig Grenze Schleswig-Holsteins zu Niedersachsen, steht und fällt nicht nur mit dem Tidenhub, sondern auch mit der Auslastung des Hamburger Hafens. Die Binnenschiffer auf der Elbe, ein altes Gewerbe, hatten durch die Grenze zur DDR das Hinterland verloren. Mecklenburg und Berlin, alte Zielhäfen vom Umschlagplatz Hafen Hamburg aus, waren ihnen lange verschlossen. Ihre Schiffe stammen meist aus den zwanziger Jahren, sie wurden irgendwann zwischen 1950 und 1960 noch einmal modernisiert. Sie sind Familienbetriebe, selbständige Partikuliere, die mehr auf dem eigenen Schiff als an Land wohnen. Doch ihre Tage sind gezählt, zu alt sind die Schiffe, zu hoch die Frachtkosten, wenn der zu beliefernde Kunde nicht gerade direkt am Wasser seinen Firmensitz hat. Die vielen Kanäle und Flüsse Schleswig-Holsteins, sieht man einmal vom Nord-Ostsee-Kanal ab, werden wohl bald ganz den Freizeitbooten gehören.

Freizeitboote, vor allem Segelboote, sind auch die einzigen Schiffe, die noch in größerer Zahl gekauft werden. Der Bau großer Schiffe lohnt heutzutage fast nicht mehr. Die Werftenkrise war kein vorübergehendes Tief, sondern hat sich zu einem Dauerproblem der Küstenländer entwickelt. Daß Schleswig-Holstein als traditionsreiches Seefahrerland davon in besonderem Maße betroffen ist, spürt man allerorts an der Küste, vor allem aber in Kiel.

Kaisers Kiel

Kiel war lange Zeit ein Provinznest im Vergleich zu Lübeck oder Flensburg, und böse Zungen sehen das immer noch so. Erste Bedeutung erlangte Kiel durch die 1665 von Herzog Christian Albrecht von Gottorf gegründete Universität. Nach dem preußisch/österreichisch-dänischen Krieg wurde Kiel 1867 Kriegshafen des Norddeutschen Bundes

Der heutige Nord-Ostsee-Kanal hieß zur Zeit seiner Eröffnung 1895 Kaiser-Wilhelm-Kanal. Zwischen 1909 und 1914 wurde er erweitert und verbindet über 99 Kilometer Länge die Ostsee bei Kiel-Holtenau mit der Nordsee bei Brunsbüttelkoog. Hier unterquert die «SMS München» auf der Reise nach Norwegen die Levensauer Hochbrücke (Foto um 1910).

und 1871 Reichskriegshafen. Die Einwohnerzahl schnellte in die Höhe, und das die Marine begleitende Gewerbe veränderte den Ort. Hatte die Einwohnerzahl 1860 noch 18000 betragen, so wohnten hier 1875 bereits 37000, 1890 108000 und 1910 212000 Menschen. Eine vergleichbare Bevölkerungsexplosion findet sich nirgends in Schleswig-Holstein.

Arbeit fanden die Menschen auf den drei großen Werften, die das Ostufer prägten. Da waren die zum Krupp-Konzern gehörende Germania-Werft an der Hörn, wie das Ende der Kieler Förde heißt, die Kaiserliche Werft und die Howaldtswerke jenseits der Schwentinemündung. Die Überreste dieser Werften firmieren heute unter dem Namen Howaldtswerke Deutsche Werft HDW, unrühmlich bekannt durch den Verdacht des Verkaufs von U-Boot-Bauplänen an Südafrika.

Es war eine logische Konsequenz, daß im Reichskriegshafen Kiel die Werften Kriegsschiffe bauten. Werft und Marine bestimmten das Stadtbild. Im letzten Jahr des Ersten Weltkrieges waren von 100000 Beschäftigten in Kiel rund 70000 an der sogenannten Heimatfront in der Kriegsindustrie beschäftigt, davon 35000 auf den Werften. Es war auch das Jahr, in dem Kiel zum ersten Mal deutsche Geschichte schrieb. Die Novemberrevolution, der Aufstand der Arbeiter- und Soldatenräte, begann in Kiel, nachdem Flottenverbände aus Wilhelmshaven nach Kiel verlegt worden waren. Soldaten und Heizer hatten am 30. Oktober 1918 den sinnlosen Befehl zum Auslaufen der Flotte zu einer letzten Schlacht verweigert und wurden in Haft genommen. Ihre Kameraden beschlossen im Kieler Gewerkschaftshaus, daß die 26 Gefangenen sofort freigelassen werden sollten. Acht Tote und 29 Verletzte gab es bei schweren Zusammenstößen mit Polizei und Militär. Wie ein Lauffeuer verbreitete sich die Revolution in Kiel unter der unzufriedenen Kieler Arbeiterschaft und sprang auf andere Städte über.

Das Ende des Kaiserreichs nahm seinen Ursprung an der Kieler Förde, des Kaisers liebstem Ort der Repräsentation. Hier hatte er von der kaiserlichen Jacht «Hohenzollern» aus

1927 wurde der elf Kilometer lange Eisenbahndamm zwischen der Küste bei Niebüll und der Insel Sylt fertiggestellt. Am 6. Juni traf Reichspräsident Paul von Hindenburg in einem Sonderzug zur Einweihung des nach ihm benannten Dammes ein und wurde zur Eröffnungsfahrt von Klanxbüll nach Westerland stürmisch begrüßt.

die Kieler Woche eröffnet, hier lag seine geliebte Flotte. Daraus gelernt hatten die Kieler in der Weimarer Republik nicht viel. Arbeitslosigkeit auf den Werften führte zu einer zunehmenden Radikalisierung. Der Boden für den Nationalsozialismus war fruchtbar, die Konsequenzen für die Stadt furchtbar. Im Zuge der Wiederaufrüstung wurden erneut Kriegsschiffe auf Kieler Werften gebaut, Marineanlagen ausgebaut, Munitionsarsenale in Bunkern am Ostufer eingerichtet. Übrig blieben 1945 eine zerbombte Stadt, zerstörte Werften und ... die Kieler Woche.

Was einst kaiserliche Flottenparade mit ein paar Segelschiffen war, hat seinen Charakter völlig verändert. Internationale Segelwettbewerbe sollen die Nationen einen, auf dem Rathausplatz findet ein internationaler Markt mit internationalen Spezialitäten statt, und international sind auch die Flottenbesuche zur Kieler Woche, von denen Kiel immer noch nicht lassen kann. Freudig begrüßt werden die Segelschulschiffe der Marine, aus welchem Land sie auch kommen, während die Zerstörer und Kreuzer aus den Ländern der NATO-Verbündeten, über die Toppen geflaggt, etwas abseits im Tirpitzhafen liegen. Zumindest in den Straßennamen hat Kiel sich von seiner militärischen Vergangenheit in keiner Weise gelöst: Hindenburgufer, Scharnhorststraße, Blücherplatz und Gneisenaustraße, Tirpitzhafen und Scheerhafen, auch Graf Spee und Graf Luckner haben ihre Straßen, so reichlich findet sich das Militär selten geehrt.

Wären da nicht die Universität, die Segler und die Arbeiterviertel auf dem Ostufer, man könnte glauben, Kiel sei eine Marinestadt geblieben. Doch die Stadt ist vielschichtiger geworden. Seit 1947 ist sie nun Hauptstadt eines Landes, das erst die englischen Besatzungstruppen schufen. Sitz des preußischen Oberpräsidenten und des Regierungspräsidenten war meist Schleswig gewesen. Trotz des Alters der Stadt Kiel, die 1242 Stadtrechte erhielt, spielte sich der wesentliche Teil der Stadtgeschichte in den letzten 150 Jahren ab.

Dem Image der Stadt hat es gutgetan, daß sie Sitz der Landesregierung und des Parlaments wurde. Zu einem guten Ruf trugen auch die olympischen Segelwettbewerbe bei, die

Maat von «Seiner Majestät Schiff München». Der Kieler Fotograf Hermann Jansen hatte sich mit seinen maritimen Motiven auf die Kundschaft aus der Kriegsmarine spezialisiert (Foto um 1910).

Strandburgen, die vor den rauhen Nordseewinden schützen, haben am Sylter Strand ebenso Tradition wie gutgelaunte Strandfeste.

Links: Mit Ölzeug, Südwester, Gewehr, Ruder und Rettungsring posieren diese Sylter Badegäste um 1910. Sie können ihre gelassene Haltung leicht wahren, denn sie stehen in einem Fotoatelier vor gemalter Brandungskulisse. Solche Fotos wurden gern als Postkarten verschickt, um einen Geschmack vom «rauhen Leben» an und auf dem Meer zu vermitteln.

Rechts: Zu romantischer Pose eignet sich der Strandkorb in Travemünde an der Ostsee (Foto um 1930).

1919 ließen sich die SPD-Genossen Friedrich Ebert und Gustav Noske im Ostseebad Haffkrug «oben ohne» ablichten und zierten so die Titelseite der Berliner Illustrierten. Dies löste große Empörung aus und wurde als der Sittenverfall der neuen, nachkaiserlichen Zeit interpretiert.

1936 und 1972 vor Kiel ausgetragen wurden. 1936 waren es noch Prestigespiele der Nationalsozialisten, die in Fortführung kaiserlicher Tradition Kiel als Bühne zur Selbstdarstellung nutzten. In aller Welt aber verbindet sich der Name Kiel heutzutage vor allem mit zwei Dingen: dem Kiel Canal, wie der Nord-Ostsee-Kanal im internationalen Sprachgebrauch heißt, und der Kieler Woche als bedeutendem Segelereignis.

Das Beste an Kiel erschließt sich aber erst beim zweiten Hinschauen. Es ist weniger spektakulär als das einwöchige Großereignis Kieler Woche. Ich meine die kleinen Fördedampfer, mit denen man so gemütlich an das Ostufer nach Heikendorf oder Laboe kommt. Oder man fährt mit dem Fahrrad nach Schilksee, wo das Olympiazentrum von 1972 steht. Wie man es auch macht, rund um die Stadt ist es nicht weit zum Strand. Dort kann man sich in der Sonne aalen oder im Winter beim Strandspaziergang ordentlich durchpusten lassen. Nichts für ungut, Kiel hat viele schöne Seiten, aber das Schönste an Kiel ist das Umland.

Badekarren und Bikinis

Schon 1875 konnte man von Kiel mit einem Dampfschiff nach Laboe kommen, doch sah das Strandleben zu Kaisers Zeiten reichlich prüde aus. Badekarren wurden in Laboe ab 1890 ins Wasser gerollt, in denen Mann und Frau sich – natürlich weiträumig getrennt – umzogen. Verschämt wurde an der Rückseite ausgestiegen, ein wenig die Waden angefeuchtet und wieder in den Wagen eingestiegen. Schwimmen konnten die wenigsten. Der erste Schwimmverein wurde schließlich erst 1840 in Berlin gegründet. Doch auch Laboes Entwicklung ist eng mit dem Militär in Kiel verbunden. 1914 von Minensperre und Einstellung des Schiffsverkehrs des Publikums beraubt, wird Laboe nach dem Ersten Weltkrieg durch den Bau des Marine-Ehrenmals um eine zweifelhafte Attraktion reicher. Nach dem Zweiten Weltkrieg folgt die Aufstellung eines deutschen U-Bootes vor dem Ehrenmal am Strand. Ehrenmal, Mahnmal oder Kriegsverherrlichung? Diese Frage entläßt den inzwischen großen Badeort Laboe nicht aus den Diskussionen.

Angefangen hatte der Badeurlaub an der Ostsee aber nicht an der Kieler Förde, sondern an der Lübecker Bucht, wo Travemünde als Promenade Lübecks diente. Hier logierten die adligen und reichen Urlauber bereits Mitte des 19. Jahrhunderts in stattlicher Zahl, obwohl die Wege dorthin ihre Zeit brauchten. 1802 war in Lübeck eine Aktiengesellschaft gegründet worden mit dem Zweck, eine Seebadeanstalt zu betreiben. In Schleswig-Holstein war Travemünde damit der erste Badeort. Zuvor hatten bereits das mecklenburgische Doberan (1794) und die ostfriesische Insel Norderney (1797) ihre Seebäder erhalten. An der schleswig-holsteinischen Nordseeküste folgte Wyk auf Föhr im Jahre 1819.

Es war der Physiker und Schriftsteller Georg Christoph Lichtenberg, der mit seinem Aufsatz «Warum hat Deutschland noch kein großes öffentliches Seebad?» 1793 die Badekarren ins Rollen brachte. Seinen Plan eines Seebades in Cuxhaven verteidigte er folgendermaßen: «Die Fische, die einen Propheten fressen könnten, sind da so selten als die Propheten. Eher könnte man die dortigen Fische vor den Badegästen warnen. Seit jeher sind zwar die Fische dort, zumal von Fremden, mit großer Prädilection gespeiset worden, es ist mir aber nicht bekannt, dass je einer von ihnen das Compliment erwidert hätte.» Badeurlaub bedeutet nämlich noch lange nicht, daß gebadet wurde. Angst vor Fischen schreckte die Leute, ins Wasser zu gehen.

Es sollte noch rund hundertfünfzig Jahre dauern, bis die Sitten und Gebräuche sich lockerten und sich das Verhältnis des erholungshungrigen Urlaubers zum nassen Element entspannte. Noch 1902 schrieb eine Bekanntmachung in Niendorf an der Ostsee vor, daß Damen nur von neun Uhr morgens bis zwölf Uhr mittags baden dürften, während den Herren der Rest des Tages zur Verfügung stand. Das Umkleiden hatte bei Androhung von Strafe nur im Badekarren zu erfolgen, das Baden selbstverständlich nur in Badehose für den Herrn oder Badeanzug für die Dame.

1919 löste eine Fotografie der SPD-Politiker Friedrich Ebert und Gustav Noske auf der Titelseite der «Berliner Illustrirte Zeitung» einen Skandal aus. Die beiden hatten sich im Ostseebad Haffkrug in Badehosen ablichten lassen, wohlgemerkt mit freier Brust. Im Tenor der Empörung «So was hätte es unter dem Kaiser nicht gegeben», wurden die beiden vaterlandslosen Gesellen an den Pranger gestellt. Grußpostkarten mit dem Titelbild der Illustrierten machten die Runde. Kaiser Wilhelm II. und Generalfeldmarschall Hindenburg waren in vollem Wichs in kleinen Porträts ober- und unterhalb der halbnackten SPD-Politiker konterfeit. Zwischen den ordenbehängten und den nackten Brüsten stand, mit dickem Ausrufezeichen versehen, «Einst und jetzt!»

Die Zeiten, da Nord- und Ostseebäder als allererste Adressen für den Badeurlaub gehandelt werden, sind vorbei. Die Auto-Mobilisierung der Deutschen brachte erst Italien, dann Spanien und schließlich Griechenland in den Genuß deutscher Touristenwellen. Im Zeichen des Flugtourismus sind es mal die Malediven, mal die Seychellen, deren Strände gerade im Trend sind. In den siebziger Jahren wehrte sich Schleswig-Holstein mit Bettenburgen gegen die ausländische Konkurrenz. Damp 2000, Weißenhäuser Strand, Ferienzentrum Holm, Burgstaken auf Fehmarn und wie sie alle heißen. Zum Glück haben sie keine weiteren Nachahmer gefunden.

Schleswig-Holstein heute hat trotzdem «seine» Urlauber behalten oder wiedergefunden. Für Hamburger lohnt sich immer noch die Wochenendtour, trotz des allsonntäglichen Rückreisestaus im Sommer. Und der ständig zunehmende Kurzurlaub in Herbst und Frühjahr läßt Inseln wie Amrum oder Sylt fast ganzjährig ausgebucht sein. Dazu kommt ein Stammpublikum, das einen ruhigen Familienurlaub ohne mehrtägige Anreise verleben möchte. Und endlich kommen auch das wenig fruchtbare Inland und der magere Geestrücken zu ihrem Recht. Urlaub mit Fünf-Seen-Fahrten in der Holsteinischen Schweiz, Kur in Bad Segeberg, Bad Bramstedt oder Bad Oldesloe – dafür muß der Boden nichts hergeben außer Wald, Wiesen und Wanderwegen, die es reichlich in Schleswig-Holstein gibt. Und außerdem ist zuviel Speck ungesund.

Pellworm ist eine der Inseln, die beim Auseinanderbersten von Altnordstrand bei der großen Sturmflut von 1634 entstanden sind. Der Leuchtturm an der Südseite der Insel gibt den Fährschiffen von Husum nach Helgoland Zeichen.

Nächste Doppelseite: Wenn der Sommer zu Ende geht, wird es etwas ungemütlich am Strand von Wenningstedt auf Sylt; die Badegäste zeigen sich zugeknöpfter.

Hörnum liegt auf der Südspitze von Sylt zur Wattseite hin. Unterhalb des Leuchtturms befindet sich die Anlegestelle für die Fähren nach Helgoland und nach Amrum.

Der Kliffkieker ist ein Restaurant auf der Steilküste von Wenningstedt auf Sylt, über dem Roten Kliff gelegen, eben dort, wo Jahr für Jahr mit den Sturmfluten die Steilküste weiter abgetragen und weggespült wird, so daß sich die Aussichtsterrasse jetzt am Kliffrand befindet und demnächst vielleicht nicht mehr existieren wird.

Vom Hafen auf Pellworm laufen die Kutter aus; die Krabbenfischer bleiben im Wattenmeer, die Fischkutter fahren aufs offene Meer.

Von Wyk auf Föhr starten die Schiffe ihre Besichtigungsfahrt zur Hallig Hooge, einem der winzigen Landflecken, der Halligen, inmitten der Weite des Meeres.

Nächste Doppelseite: Die traditionelle Inselarchitektur von Westerland auf Sylt ist auf einer der Hauptstraßen der Stadt, der Fußgängerzone Friedrichstraße, leider teilweise kaum noch zu erkennen zwischen den großstädtischen Neubauten und den Schildern und Reklametafeln der vielen Restaurants und Geschäfte.

Café
Face.-& Augen-Lifting
Therapie Centrum
Therapie
SPIEL
SALON

Eis Cafe
Italia 2
Eis Cafe
ESPRESSO
ORIGINAL
Ital. Eis

Links:
Reetdächer verheißen nicht nur Gemütlichkeit, sie isolieren auch besser als manch modernes Dach.

Rechte Seite:
Oben links: Friesische Lebensart ist im Heimatmuseum von Amrum dokumentiert.

Oben rechts: Als ein Ort der Heimkehr lädt dieses Haus in Wyk auf Föhr ein.

Mitte links: Der Königspesel ist eine historische Bauernstube auf der Hallig Hooge.

Mitte rechts: Im «Ual Öömrang Wiartshüs», einem Restaurant in Norddorf auf Amrum, sind eine kachelverzierte Wand, Schiffsmodelle und Instrumente aus der Seefahrt zu bewundern.

Unten: Ob ein neues Haus im alten Stil (auf Föhr; links) oder ein historisches (auf Nordstrand; rechts), Reetdächer prägen die Architektur.

AMRUMER MUSEUM

1 9 6 4

258 1-2+8
255 1-4
357 1-2+5

Auf Föhr. Die Schwarzbunte gehört zu den fetten Marschweiden und dem bewegten Nordseehimmel …

… ebenso wie das Flattern der Wäsche im Wind und die Sonne.

Vorangegangene Doppelseite: Die St. Clemens-Kirche in Nebel auf Amrum.

Keitum ist ein altes Fischerdorf auf Sylt, in dem noch heute besonders schöne Friesenhäuser stehen, die zusammen mit Neubauten im alten Stil für die Erhaltung eines authentischen Bildes sorgen.

Oben und unten: Der Ellenbogen, die nördlichste Landzunge auf Sylt, eine bewegte Dünenlandschaft mit weitem Sandstrand, ist Tummelplatz für Anhänger der Freikörperkultur und Tierparadies, denn er ist gänzlich unbewohnt.

Bei List auf Sylt, dem nördlichsten deutschen Hafen. Die reetgedeckten Häuser ducken sich in die Dünenlandschaft, die von Strandhafer und Heide bewachsen ist.

Für einen Strandspaziergang an der Nordsee braucht man meist wasserfeste und windschützende Kleidung und das Wissen um Ebbe und Flut, denn das Wattenmeer birgt Gefahren.

Zwischen den Meeren

Schleswig-Holstein in Erzählungen und Berichten

Haiden und Moore, Föhrden und Marschen

Schleswig-Holstein, trotzdem wir es einen Damm nannten, hat den Charakter der norddeutschen Ebene, von der es ein bloßer Ausläufer ist. Es ist ein Flachland. Wie aber allerorten Hebungen des Bodens unsre norddeutschen Küstenländer durchziehn, so auch hier. Eine solche Hebung läuft rückgrat-artig von Nord nach Süd und theilt die Südhälfte der cimbrischen Halbinsel (wie übrigens auch die Nordhälfte derselben, Jütland) in einen zwanzig Meilen langen Ost- und West-Streifen, zwischen denen sie selbst als Mittelstreifen sich hinzieht. Alle drei sind von einander sehr verschieden, so verschieden, daß die klimatischen Abweichungen, namentlich aber die Verschiedenartigkeiten des Bodens, mehr in der Linie von West nach Ost als in der Linie von Nord nach Süd hervortreten.

Der Mittelstreifen (der Höhenzug) gilt als der unfruchtbarste Theil des Landes. Hier sind die Haiden und Moore, die sich bis zur Nordspitze Jütlands hinauf fortsetzen. Die Eisenbahnen zwischen Altona und Flensburg passiren vorzugsweise diese öden Gegenden. Sie sind übrigens landschaftlich wie wirthschaftlich besser als ihr Ruf. [...]

Der Oststreifen – jene Landschaften, die, von dem Mittelrücken her, in leiser Senkung nach der Ostsee hin abfallen, – dieser Oststreifen ist der wichtigste Theil des Landes, der wichtigste und zugleich der landschaftlich schönste. Hügel folgt auf Hügel, dazwischen in Holstein kesselartige Vertiefungen, welche zahlreiche Seen bilden. Ueberall Fruchtbarkeit und Cultur. Die Art der Bebauung, das Koppelsystem, schafft eigenthümliche Landschaftsbilder. Statt weiter Feldflächen wie bei uns, die, im Winter kahl und traurig, bis zum Horizonte sich hin dehnen, begegnet man ausschließlich eingefriedigten Parzellen, nicht größer als ein Stück Gartenland, den sogenannten Koppeln, deren Umfassung aus einem zehn Fuß hohen, hoch mit Strauchwerk besetzten Erdwall besteht. Dies sind die vielgenannten «Knicks». Ueber ihren Werth für die Landwirthschaft ist oft gestritten worden. Für Schleswig-Holstein sind sie höchst wahrscheinlich unerläßlich; die Seewinde, die hier unaufhörlich wehn, werden durch diese hohen Mauern gebrochen und die Saaten vor dem Frost, wie die Felder selbst – wenigstens in der Nähe der Strand-Dünen – vor der Versandung geschützt. [...] Die größte Schönheit des Ostens sind seine tiefen Buchten, die Fjorde oder Föhrden, die, an der ganzen Küste entlang, die Ostsee bis tief in die Mitte des Landes hinein sendet. Diese Buchten, wie sie den besonderen landschaftlichen Reiz dieser Gegenden bilden, bilden auch die besondre Bedeutung derselben. An diesen Buchten liegen die Städte, hier blühten, so weit die Geschichte in die Jahrhunderte zurückzusteigen vermag, Handel und Wandel, hier residirten die Fürsten, hier war das geistige Leben und das politische dazu. [...]

Der Weststreifen des Landes ist in eminentem Sinne ein Flachland. Es sind dies die sogenannten Marschen. Viele derselben liegen unter dem Niveau des Meeres, und werden nur durch Dämme und Deiche vor Ueberschwemmung geschützt. Viele Quadratmeilen dieser Marschen sind innerhalb historischer Zeit entstandenes Land, entstanden entweder durch Wachsen des Landes mittelst Anschwemmung (Alluvion) oder durch Fallen des Meeres, vielleicht durch beides. Um anzudeuten wie es hier etwa zur Zeit der hohenstaufischen Kaiser war, nur Folgendes: Ripen, Tondern, Meldorf, Itzehoe, Ortschaften die jetzt eine Meile weit landeinwärts liegen, lagen damals hart am Meere und Hoyer, Garding, Lunden, Hemmingstedt waren Inseln, die sich wie jetzt Nordstrand, Pelworm und die Halligen neben der damaligen Küste hinzogen. [...]

Bis zur Jahrhundertwende war die Hörnumer Halbinsel ein beliebtes Jagdrevier der Sylter Jäger. Auf dem Foto von 1890 posiert eine Jagdgesellschaft mit ihren erlegten Kaninchen vor der Hütte eines Dünenhalmpflanzers. Das erste Steinhaus wurde auf der Halbinsel Hörnum erst 1901 errichtet.

Dieser Weststreifen des Landes ist der unscheinbarste, aber der reichste. Der Boden hat hier einen höhren Werth, wie vielleicht irgendwo in Deutschland. [...]

Reicher noch als der Osten, entbehrt der Westen andrerseits all der landschaftlichen Schönheiten, die jener aufweist. Nicht Thal nicht Hügel durchziehn das Land, keine Seen, von Buchenwald eingefaßt, erfreuen den Blick, eine ununterbrochene Ebene, so zieht sich das Marschland hin, von Deichen eingefaßt, von unzähligen Wassergräben durchschnitten. Nur um die Sommerzeit leiht die Ueppigkeit der Vegetation auch diesen Gegenden einen landschaftlichen Zauber. [...]

Ueber die Inseln (namentlich Sylt und Föhr), die sich an der schleswigschen Westküste hinziehn, sprechen wir an andrer Stelle. Nur das noch sei hier bemerkt, daß die berühmten Austernbänke, die uns die fälschlich sogenannten «Holsteiner Austern» liefern, sämmtlich an der schleswigschen Westküste (bei Husum) anzutreffen sind. Die holsteinsche Küste hat keine Austern.

Theodor Fontane, 1866

Der nördlichste Polizeiposten Deutschlands

Ich zog meinen Taschenspiegel heraus, winkelte ihn in Richtung zum Fenster, fing mir etwas Sonne und warf die Sonne gegen die Tafel, worauf Doktor Korbjuhn sich erschreckt umwandte, mit zwei Schritten die Sicherheit des Katheders gewann und uns von dort herab befahl, anzufangen. Noch einmal flog sein trockener Arm hoch, sein Zeigefinger wies in fordernder Starre auf das Thema: «Die Freuden der Pflicht», und um allen Fragen auszuweichen, verfügte er: Jeder kann schreiben, was er will; nur muß die Arbeit von den Freuden der Pflicht handeln.

Ich halte meine Strafarbeit – bei gleichzeitiger Einschließung und vorläufigem Besuchsverbot – für unverdient; denn man läßt mich nicht dafür büßen, daß meiner Erinnerung oder meiner Phantasie nichts gelang, vielmehr hat man mir diese Abgeschiedenheit

Seetangfischer bei der Arbeit. Tang, vor allem der Blasentang, ist eine Algenpflanze der Nord- und Ostsee, die zur Futterverwertung, aber auch zur Kaligewinnung und zum Düngen verwendet wurde (Foto um 1920).

In der Wilstermarsch beschert das satte Marschland den Bauern gute Erträge. Die neben Backsteingebäuden für die Gegend typischen Fachwerkgehöfte zeugen vom Wohlstand (Foto um 1900).

Kleine Abbildung unten: Fischer beim Flicken der Netze (Foto um 1930); rechts: Teestunde in der Friesenstube; unten: Ostergottesdienst auf Föhr (Foto von 1937). Seite 85 oben: Pesel (Prunkstube eines Friesenhauses) auf der Hallig Hooge (Foto von 1933); Seite 85 unten links: Sylter Kapitänsfrau (Foto um 1900). Seite 85 unten rechts: Sylter Kapitäne beim Skatspielen (Foto von 1897).

Ein Dünenhalmpflanzer um 1900 vor seinem Arbeitswagen. Da nur das Bepflanzen die Dünen befestigen und so die damals nicht seltenen Sandverwehungen verhindern konnte, wurde um die Jahrhundertwende der Inselschutz verstärkt. Pflanzertrupps wurden mit ihren Arbeitswagen über die Insel geschickt, um durch Bepflanzungen die Winderosion aufhalten zu helfen.

Vorläufer der heutigen Steinpromenade von Westerland war eine hölzerne Kurpromenade, die 1911 abbrannte. Wie die Schilder auf dem Foto von 1904 zeigen, hatte damals jedes Westerländer Hotel, das auf sich hielt, an der Promenade eine Restauration, damit die Gäste in Strandnähe speisen konnten.

verordnet, weil ich, gehorsam nach den Freuden der Pflicht suchend, plötzlich zuviel zu erzählen hatte, oder doch so viel, daß mir kein Anfang gelang, so sehr ich mich auch anstrengte. Da es nicht beliebige, da es die Freuden der Pflicht sein sollten, die Korbjuhn sich von uns entdeckt, beschrieben, ausgekostet, jedenfalls eindeutig bewiesen wünschte, konnte mir niemand anderes erscheinen als mein Vater Jens Ole Jepsen, seine Uniform, sein Dienstfahrrad, das Fernglas, der Regenumhang, seine in unablässigem Westwind segelnde Silhouette auf dem Kamm des Deiches. Unter Doktor Korbjuhns mahnendem Blick fiel er mir sogleich ein: im Frühjahr, nein, im Herbst, dann also an einem dunklen, windfrischen Tag im Sommer schob er sein Fahrrad wie immer zum schmächtigen Ziegelweg hinab, hielt, wie immer, unter dem Schild «Polizeiposten Rugbüll»*, brachte die Pedale, indem er das Hinterrad hob, in die erwünschte Ausgangsstellung, verschaffte sich wie immer mit zwei Stößen den nötigen Schwung zum Aufsitzen und fuhr, zunächst schlingernd, stuckernd, vom Westwind aufgebauscht, ein Stück in Richtung zur Husumer Chaussee, die nach Heide und Hamburg weiterführt, bog beim Torfteich ab und fuhr, jetzt mit seitlichem Wind, an den maulwurfsgrauen Gräben entlang zum Deich, wie immer an der flügellosen Mühle vorbei, saß hinter der Holzbrücke ab und schob das Fahrrad schräg den wulstigen Deich hinauf, gewann dort oben, vor der Leere des Horizonts, eine unerwartete, den Raum betreffende Bedeutung, schwang sich abermals in den Sattel und segelte nun [...] auf dem Kamm des Deiches entlang, nach Bleekenwarf, wie immer nach Bleekenwarf. Nie vergaß er seinen Auftrag. Wenn der Herbstwind Korvetten über den Himmel von Schleswig-Holstein trieb: mein Vater war unterwegs. Im scheckigen Frühjahr, bei Regen, an trüben Sonntagen, morgens und abends, in Krieg und Frieden schwang er sich auf sein Fahrrad und strampelte in die Sackgasse seiner Mission, die ihn immer nur nach Bleekenwarf führte von Ewigkeit zu Ewigkeit, Amen.

Dies Bild, wie gesagt, diese mühselige Fahrt, zu der der Außenposten der Landpolizei Rugbüll – der nördlichste Polizeiposten Deutschlands – andauernd aufbrach, gelang meiner Erinnerung sofort, und um Korbjuhn zu dienen, dachte ich mich noch näher heran, band mir einen Schal um, ließ mich auf den Gepäckträger des Dienstfahrrades setzen und fuhr einfach mit nach Bleekenwarf wie so oft, hielt mich, wie so oft, mit klammen Fingern am Koppel meines Vaters fest, während der Gepäckträger mir mit seinem harten Gestänge rote Flecken in die Oberschenkel kniff. Ich fuhr mit und sah uns gleichzeitig, gegen den Hintergrund unentbehrlicher Abendwolken, gemeinsam auf dem Deich entlangfahren, ich spürte die Windstöße frei und scharf von der Einöde des Watts und sah uns beide von fern schwanken unter denselben Windstößen, und hörte meinen Vater stöhnen vor Anstrengung, nicht verzweifelt oder zornig über den Wind, sondern nur ordnungsgemäß stöhnen und, wie mir schien, mit heimlicher Genugtuung. Am Watt, am schwarzen winterlichen Meer entlang, fuhren wir nach Bleekenwarf, das ich kannte wie kein Anwesen außer der zerfallenen Mühle und unserem Haus; ich sah es daliegen auf schmutzigem Erdsockel, von Erlen flankiert, deren Kronen scharf gestriegelt und nach Osten hingebogen waren, ich versetzte mich vor das schwingende Holztor, öffnete es, blickte forschend auf Wohnhaus, Stall, Schuppen und das Atelier, aus dem mir, wie so oft, Max Ludwig Nansen zuwinkte, listig, und vorsorglich drohend.

Sie hatten ihm damals verboten zu malen, und mein Vater, der Polizeiposten Rugbüll, hatte die Einhaltung des Malverbots zu überwachen durch alle Tages- und Jahreszeiten; er hatte, um das auch zu erwähnen, jede Erfahrung und Entstehung eines Bildes zu unterbinden, alle unerwünschten Behauptungen des Lichts, überhaupt polizeilich dafür zu sorgen, daß in Bleekenwarf nicht mehr gemalt wurde. Mein Vater und Max Ludwig Nansen kannten sich lange, ich meine: seit ihrer Kindheit, und da sie beide aus Glüserup stammten, wußten sie, was sie voneinander zu erwarten hatten, und vielleicht auch, was ihnen bevorstand und was einer dem anderen bereiten würde bei längerer Dauer der Lage.

SIEGFRIED LENZ, 1968

*Im Gegensatz zu Klanxbüll, Seebüll, Niebüll wird man Rugbüll vergeblich auf einer Karte Schleswig-Holsteins suchen. Lenz hat diesen Ort erfunden, an dessen Beispiel er uns um so glaubhaftiger Land und Leben im nördlichsten Teil Deutschlands beschreibt.

Der Schimmelreiter

Es war im dritten Jahrzehnt unseres Jahrhunderts, an einem Oktobernachmittag – so begann der damalige Erzähler –, als ich bei starkem Unwetter auf einem nordfriesischen Deich entlang ritt.

Zur Linken hatte ich jetzt schon seit über einer Stunde die öde, bereits von allem Vieh geleerte Marsch, zur Rechten, und zwar in unbehaglichster Nähe, das Wattenmeer der Nordsee; zwar sollte man vom Deiche aus auf Halligen und Inseln sehen können; aber ich sah nichts als die gelbgrauen Wellen, die unaufhörlich wie mit Wutgebrüll an den Deich hinaufschlugen und mitunter mich und das Pferd mit schmutzigem Schaum bespritzten; dahinter wüste Dämmerung, die Himmel und Erde nicht unterscheiden ließ; denn auch der halbe Mond, der jetzt in der Höhe stand, war meist von treibendem Wolkendunkel überzogen. Es war eiskalt; meine verklommenen Hände konnten kaum den Zügel halten, und ich verdachte es nicht den Krähen und Möwen, die sich fortwährend krächzend und gackernd vom Sturm ins Land hineintreiben ließen. Die Nachtdämmerung hatte begonnen, und schon konnte ich nicht mehr mit Sicherheit die Hufe meines Pferdes erkennen; keine Menschenseele war mir begegnet, ich hörte nichts als das Geschrei der Vögel, wenn sie mich oder meine treue Stute fast mit den langen Flügeln streiften, und das Toben von Wind und Wasser. Ich leugne nicht, ich wünschte mich mitunter in sicheres Quartier.

Das Wetter dauerte jetzt in den dritten Tag, und ich hatte mich schon über Gebühr von einem mir besonders lieben Verwandten auf seinem Hofe halten lassen, den er in einer der nördlicheren Harden besaß. Heute aber ging es nicht länger; ich hatte Geschäfte in der Stadt, die auch jetzt wohl noch ein paar Stunden weit nach Süden vor mir lag, und trotz aller Überredungskünste des Vetters und seiner lieben Frau, trotz der schönen selbstgezo-

Um 1905 war der Dorfteich von Wenningstedt auf Sylt eine ländliche Idylle mit Gehöften, windgeschützt hinter den Dünen. Heute wird man das karge Bild nicht wiederfinden: Der Teich ist von Bäumen umstanden, eine parkartige Anlage um ein kleines Wasservogelparadies.

genen Perinette- und Grand-Richard-Äpfel, die noch zu probieren waren, am Nachmittag war ich davongeritten. «Wart nur, bis du ans Meer kommst», hatte er noch an seiner Haustür mir nachgerufen; «du kehrst noch wieder um; dein Zimmer wird dir vorbehalten!»

Und wirklich, einen Augenblick, als eine schwarze Wolkenschicht es pechfinster um mich machte, und gleichzeitig die heulenden Böen mich samt meiner Stute vom Deich herabzudrängen suchten, fuhr es mir wohl durch den Kopf: «Sei kein Narr! Kehr um und setz dich zu deinen Freunden ins warme Nest.» Dann aber fiel's mir ein, der Weg zurück war wohl noch länger als der nach meinem Reiseziel; und so trabte ich weiter, den Kragen meines Mantels um die Ohren ziehend.

Jetzt aber kam auf dem Deiche etwas gegen mich heran; ich hörte nichts; aber immer deutlicher, wenn der halbe Mond ein karges Licht herabließ, glaubte ich eine dunkle Gestalt zu erkennen, und bald, da sie näher kam, sah ich es, sie saß auf einem Pferde, einem hochbeinigen hageren Schimmel; ein dunkler Mantel flatterte um ihre Schultern, und im Vorbeifliegen sahen mich zwei brennende Augen aus einem bleichen Antlitz an.

Wer war das? Was wollte der? – Und jetzt fiel mir bei, ich hatte keinen Hufschlag, kein Keuchen des Pferdes vernommen; und Roß und Reiter waren doch hart an mir vorbeigefahren!

In Gedanken darüber ritt ich weiter, aber ich hatte nicht lange Zeit zum Denken, schon fuhr es von rückwärts wieder an mir vorbei; mir war, als streifte mich der fliegende Mantel, und die Erscheinung war, wie das erstemal, lautlos an mir vorübergestoben. Dann sah ich sie fern und ferner vor mir; dann war's, als säh ich plötzlich ihren Schatten an der Binnenseite des Deiches hinuntergehen.

Etwas zögernd ritt ich hinterdrein. Als ich jene Stelle erreicht hatte, sah ich hart am Deich im Kooge unten das Wasser einer großen Wehle blinken – so nennen sie dort die Brüche, welche von den Sturmfluten in das Land gerissen werden, und die dann meist als kleine, aber tiefgründige Teiche stehenbleiben.

Die Altstadt von Kiel, wie sie sich den Besuchern um 1900 präsentierte, ist heute nicht mehr zu finden, sie wurde im Krieg fast völlig zerstört.

Das Wasser war, trotz des schützenden Deiches, auffallend unbewegt; der Reiter konnte es nicht getrübt haben; ich sah nichts weiter von ihm. Aber ein anderes sah ich, das ich mit Freuden jetzt begrüßte: vor mir, von unten aus dem Kooge, schimmerten eine Menge zerstreuter Lichtscheine zu mir herauf; sie schienen aus jenen langgestreckten friesischen Häusern zu kommen, die vereinzelt auf mehr oder minder hohen Werften lagen; dicht vor mir aber auf halber Höhe des Binnendeiches lag ein großes Haus derselben Art; an der Südseite, rechts von der Haustür, sah ich alle Fenster erleuchtet; dahinter gewahrte ich Menschen und glaubte trotz des Sturmes sie zu hören. Mein Pferd war schon von selbst auf den Weg am Deich hinabgeschritten, der mich vor die Tür des Hauses führte. Ich sah wohl, daß es ein Wirtshaus war; denn vor den Fenstern gewahrte ich die sogenannten «Ricks», das heißt auf zwei Ständern ruhende Balken mit großen eisernen Ringen, zum Anbinden des Viehes und der Pferde, die hier haltmachten.

Theodor Storm, 1888

Das zweigeteilte Flensburg

Die Stadt selbst ist, einige schöne Gebäude ausgenommen, nicht hübsch, und zeichnet sich dadurch besonders vor allen anderen schleswig-holsteinischen Städten aus, daß sie winkelige, schmale und bergige Straßen hat, in denen die Sauberkeit oft schmerzlich vermißt wird, während die Bewohner mir immer wie ein schlechter Nachdruck der Hamburger Geldmenschen vorgekommen sind. Außerdem leidet Flensburg an einem ganz besonderen Übel: die südliche Hälfte der Stadt [...] ist deutsch gesinnt, während der Norden mit den krassesten Dänen gesegnet ist. Dieß hat sich bis in die neueste Zeit in solchem Grade erhalten, daß z. B. die Siege der Alliirten im Süden der Stadt durch Flaggen und Illuminationen gefeiert wurden, während im Norden heiße Tränen über die Niederlagen der Dänen flossen, und es ist dieß eigenthümliche Verhältniß um so auffallender, als der Norden ursprünglich eben so deutsch gewesen ist wie der Süden. [...]

An der Brücke über den kleinen Kiel, einst Fortsetzung der Kieler Förde, heute Binnensee in der Kieler Innenstadt (Foto um 1900).

Nächste Doppelseite: Ein Blick auf die Reventlowbrücke in Kiel im Jahr 1911. Im Hintergrund sieht man die Jacht «Hohenzollern», die dem deutschen Kaiser gehörte.

Freya

Reventlou-Brücke

Touristisches Zentrum der Ostseeküste Schleswig-Holsteins ist die Lübecker Bucht. Hier entstanden schon früh etliche Seebäder.
Links: am Hafen von Travemünde; rechts: am Strand von Scharbeutz.

Die Stadt, die nie an übergroßer Intelligenz, sondern im Gegentheil an Indifferentismus und Geldstolz ihrer handeltreibenden Bewohner litt, wurde eine Zeitlang von dänischen Pöbelhaufen geradezu terrorisirt; wer deutsche Gesinnungen manifestirte, wurde ohne Weiteres in's Gefängnis geworfen und auf das Gräulichste mißhandelt, und da der König die Führer der Pöbelbande [...] Du nannte, zu seinen Gelagen zog und mit Orden schmückte, so blieb den deutschgesinnten Bürgern nur die Wahl zwischen Selbsthülfe und geduldigem Ertragen der unglaublichsten Bedrückungen und Beschimpfungen. [...]

Trotzdem aber sind die Flensburger gemüthliche, mildthätige und gefällige Menschen; es ist mir vorgekommen, daß ich plötzlich einer Summe Geldes bedurfte, und daß ich sie von einem Kaufmann erhielt, der meinen Namen so wenig kannte, wie meine Person. Als ich ihm mein Befremden über seine Bereitwilligkeit, einem Unbekannten hundert Thaler vorzuschießen, ansprach, antwortete er: «Sie sind ja ein Deutscher!» Ein andermal bin ich spät des Abends mit vier Herren von Schleswig nach Flensburg gekommen, und da ich in keinem Gasthofe Quartier finden konnte, in das erste beste Haus gegangen und habe um Aufnahme gebeten. Die liebenswürdige Hausfrau lud uns sogleich zum Abendbrode ein, und sorgte mit einer Bereitwilligkeit für unser Unterkommen, die mich so beschämte, daß ich am andern Morgen davonlief, ohne gefrühstückt zu haben.

Graf Adelbert Baudissin, 1865

Schleswigs altes Irrenhaus

Das Schleswiger Irrenhaus, welches auf einer Anhöhe nördlich der Altstadt liegt, hat eine so reizende Umgebung von Gärten, Wäldern, Hügeln und Thälern, daß ich mir keinen lieblichern Aufenthaltsort denken könnte – wenn er nur nicht von Verrückten und Wahnsinnigen bewohnt würde! Das Institut, welches 1820 gebaut, seitdem aber schon zweimal erweitert wurde, und trotzdem, daß es für 400 Personen Platz hat, Filialen hat anlegen müssen – war eines der gemeinschaftlichen nichtpolitischen Bande, welche nach den

Friedrichskoog ist neben Büsum, Husum, Schlüttsiel, Dagebüll und den Häfen der Nordsee-Inseln ein Zentrum der Krabbenfischerei in Schleswig-Holstein.

Verträgen von 1852 die Herzogthümer Schleswig und Holstein miteinander verbanden. Die armen Herzogthümer hatten das Zuchthaus in Glückstadt, das Irrenhaus, die Kieler Universität und die Brandkasse gemeinschaftlich. Wer aber in Kiel studierte, bekam in Schleswig kein Amt, und die Beamten in Schleswig kamen weder in's Irrenhaus noch in's Zuchthaus; und weil die schändlich mißhandelten Schleswig-Holsteiner sich Letzteres stärker zu Gemüthe zogen, als sich mit ihrem Nervensystem vertrug, nahm die Zahl der Geisteskranken in den letzten Jahren auf erschreckende Weise überhand. Besonders waren es die Angeliter, welche ein starkes Kontingent lieferten; der Grund dieser betrübenden Erscheinung ist aber gerade bei ihnen weniger in politischer Unzufriedenheit als darin zu suchen, daß sie immer unter sich heirathen …

Es gibt Menschen, die Vergnügen daran finden, die Wahnsinnigen zu besuchen und ihr tolles Geschwätz anzuhören; ich gestehe, daß ich lieber mit Vernünftigen spreche, und daß mir schon gram, wenn ich Fräulein von H. begegne, die sich für eine achthundertjährige Jungfrau – und was noch schlimmer ist – für die Urheberin alles Bösen betrachtet, daher jeden flehentlich um Verzeihung bittet, wenn es regnet oder stürmt.

Graf Adelbert Baudissin, 1865

Husumer Gesellschaftsleben

In Familienkreisen, wo um die Jahrhundertwende gemischte Gesellschaft war, saßen die Frauen und Töchter vor Tisch abgesondert, und flüsterten allein, wahrscheinlich nur von Küche und Dienstboten. Die Männer spielten l'hombre, oder gingen auf und ab, und langweilten sich. Bei Tisch führten nur die letzteren die Unterhaltung, die Weiber und Töchter schienen anzunehmen, daß es sich für sie nicht zieme, mitzusprechen. Die Bewirtung war immer ausgesucht, und dies war der einzige Triumph, den die Weiber erstrebten.

An Sonn- und Feiertagen mußte der ganze Familienkreis sich bei den Großvätern oder Vätern der Familie einfinden; die Pietät forderte das, und wenn sie sich auch halbtot gähnten, so war das einmal so, und schien nicht anders werden zu können. Einzelne wenige Fremde wurden zuweilen zugebeten.

Die Haupt- und Staatsaktionen, d. h. große Diners, hatten einen sonderbaren Charakter. Nur Herren wurden gebeten, und genau soviel, als der Saal fassen konnte. Man sammelte sich präzise zwei Uhr, dann gab der Wirt das Signal, und man trat in den Eßsaal. Bei jedem Couvert stand sogleich eine Flasche Wein, und damit die Gäste nicht blöde im Trinken sein möchten, stand an der Wand eine Batterie Flaschen aufgestellt, die zwei- oder dreifach den Abgang ersetzen konnte. Man setzte sich, und entweder ganz unten am Tisch, oder an einem kleinen Nebentisch im Winkel saß die Frau, mit einer kleinen Schürze gegen alle Anfälle von Saucen und dergleichen gedeckt, um aufzuwarten, wobei ihr die Mädchen auf Kommando halfen. Nun ward gegessen, und zwar con amore und die gesellige Artigkeit forderte, bei jedem Gericht zu bemerken, daß es vortrefflich sei. Dann verneigte sich die Frau, und der Wirt lächelte zufrieden. Hierzu gehörte auch keine Heuchelei; die Tafel war immer ganz virtuosenmäßig in Materie und Form. Man trank brav, doch von unseren Toasten, Reden, gar von politischen Reden, keine Spur; höchstens eine altväterliche oder witzige, zuweilen gereimte scurrile Gesundheit, das war alles.

Je mehr die Gäste aßen und tranken, desto mehr fühlte sich der Wirt geehrt. Wer nur das magere Feld der Unterhaltung mit einigen Späßen würzen konnte, war der Held; aber zu fein mußten sie nicht sein, sonst wurden sie nicht verstanden. Trank jemand ein Glas zu viel, und machte etwas dummes Zeug, so ward dies nie als Exzeß gerügt, sondern man sah es als ein Kompliment für den Wirt und seinen Wein an, man lachte, und gedachte am anderen Tage der Sache gar nicht weiter. Das altmodische Scharftrinken stand damals auf der Grenze seiner Zeit, und hat sich später in eine Mäßigkeit verloren, von der man damals keine Idee hatte. Gegen fünf Uhr war das Diner aus, man trank Kaffee, ging vielleicht sogar ein Stündchen nach Hause, und kam um sechs Uhr wieder. Dann ward l'hombre gespielt, nicht hoch, aber mit Eifer, und gewöhnlich mit Kunde des Spieles. Dabei gab es Thee, und zur Erfrischung der Lebenskraft einen Schnaps. Um neun Uhr war dies in der Regel zu Ende; und nun ging es in den großen Saal, wo die große Bowle mit Punsch fertig stand. Man setzte sich rund umher und sang und zwar so recht Lieder aus der alten Zeit, je sinnloser je besser, um nur durch irgend ein Wort oder einen Gedanken einen Impuls zum Leeren der Gläser zu geben. So z. B. «Auf der Brücke zu Paris, da sitzen die Herren von St. Mathies, Sie sitzen da, in Gloria, und trinken solcher Materia». Während des Refrains: «Materia, Materia» mußte jeder der Reihe nach sein Glas leeren. Oder: «Kaiser Carl de har en Peerd, Dat was en ohle Stute; Op einem Ooge was se blind, dat andre was rein ute»; rein ute, sang alles und man trank: rein ute. Jetzt ist es fast unbegreiflich, wie dergleichen amüsieren könne; damals fand man es sehr natürlich, und so ein Lied ward so oft wiederholt, als Personen da waren.

Erholungen und Spazierengehen war eine Sache, die man in Husum nicht kannte. An den schönsten Sommertagen und Abenden ging man nicht zu Felde, sondern in ein Wirtshaus, wo bei Rauch und Bier und Schnaps gespielt oder geklöhnt ward, bis acht Uhr; dann ging es noch nach dem Keller, d. h. Ratsweinkeller, wo ein Quart Wein getrunken ward. Dies dauerte bis zehn Uhr, und am anderen Tage war es wieder wie gestern.

Wie langweilig, geistlos war dieses Treiben, aber es war ein Zeichen der Zeit, Fußwanderungen, Spaziergänge waren im vorigen Jahrhundert und bis in das erste Jahrzehnt unseres Jahrhunderts hinein im Norden etwas Ungewohntes. Wer nicht reiten oder fahren konnte, blieb zu Hause; selbst wer nur vier oder fünf Meilen zu den Seinigen hatte, mußte mit der Post oder irgendeiner Gelegenheitsfuhr in den Ferien dorthin kommen.

Wer von Gebildeten mit seinem Schnappsack auf der Landstraße zu Fuß betroffen wäre, wäre verhöhnt worden, er wäre ja gereist, wie die Knoten reisen, und kein Gastwirt hätte es ihm geglaubt, daß er keiner sei, sondern ihm gleich entgegengerufen: «Hier nicht, die Herberge ist dort weiter hin.»

G. F. Schumacher, 1841

Fortsetzung Seite 113

Das Renaissance-Schloß Gottorf in Schleswig wurde im 16. Jahrhundert erbaut und erhielt später einen barokken Aufbau mit Turmhelm. Es war bis Anfang des 18. Jahrhunderts Residenz der Herzöge von Holstein-Gottorf. Heute befinden sich im Schloß die schleswig-holsteinischen Landesmuseen.

Nächste Doppelseite: Nicht weit vom Dom von Schleswig liegt die alte Fischersiedlung auf dem Holm. Bis vor wenigen Jahrzehnten war der malerische Stadtteil eine Insel, daher der Name.

Der Fischerort Kappeln an der Schlei in Angeln, einer Bauerngegend mit Wiesen und Feldern und unzähligen kleinen Dörfern.

Die von Kastanien gesäumte Auffahrt zu einem Gutshof bei Arnis an der Schlei.

Der Südermarkt von Flensburg wird von der Nikolaikirche überragt, in der sich eine der bedeutendsten norddeutschen Renaissance-Orgeln befindet, deren Prospekt der Bildschnitzer Heinrich Ringerink gestaltete. Handelssinn und Weltoffenheit haben den Geist der Stadt bestimmt. Die Begegnung von dänischer und deutscher Kultur wurde schon früh für ihre Geschichte prägend.

Nächste Doppelseite: Ein alter Bauernhof in der Nähe des Badeortes Neukirchen lädt zum Verweilen ein.

Links:
Der Seelord in Timmendorfer Strand ist ein beliebter Treffpunkt für Urlauber des Ostseebades.

Rechte Seite:
Die Ostseebäder laden zu vielfältigen Vergnügungen ein und bieten für Leib und Seele reiches Angebot: der Seebär in Travemünde (oben links), der Back-Fisch in Niendorf (oben rechts), die alte Galionsfigur am Bierlokal in Timmendorf (Mitte links), die Fischkiste in Niendorf (Mitte rechts), die Anlegestelle für die Butterfahrt-Schiffe in Travemünde (unten links), die Fischräucherei in Niendorf (unten rechts).

SEEBÄR
SEEBÄR

Back Fisch

Bier

FISCH KISTE
König Pilsener
Fischkiste

Täglich
3 Abfahrten

Hafen
Räucherei

BOOTE BOOTE
KARIBIK

3
BRANDT
HAFFKRUG

Insgesamt acht Kilometer lang ist der Strand des in der Lübecker Bucht gelegenen Ostseebades Timmendorfer Strand.

Vorangegangene Doppelseite: Haffkrug an der Ostsee ist ein Familienbad mit buntem Strandleben. Entstanden ist der Ort aus einem einzigen Gasthaus, dem «Krug am Haff».

Links und rechts: Strandkorbvermietung – in Timmendorfer Strand und in Scharbeutz – ist ein wetterfestes Geschäft, denn Strandkörbe bieten Schutz vor Sonne, Regen und Wind.

Katamarane sind wegen ihrer Schnelligkeit und Wendigkeit bei Sportseglern besonders beliebt – und bei den Badenden aus denselben Gründen gefürchtet (… daher muß auch ein Bußgeld zahlen, wer damit trotzdem am Strand landet).

Nächste Doppelseite: Vom Hotel Maritim am Strand von Travemünde blickt man auf den Jachthafen auf dem Priwall, in dem ein ehemaliger Frachtsegler, die Viermastbark Passat, liegt und besichtigt werden kann (rechts im Bild).

Unerwartet geordnet und menschenleer nimmt sich der Travemünder Strand aus der Höhe aus – kein Wunder, wenn man die heraufziehende Gewitterfront sieht.

Die Nase Schleswig-Holsteins

Eiderstedt ist die Nase, die Schleswig-Holstein dem Blanken Hans, der Nordsee, dreht. Aber nicht mehr lange. Mit der – profilverändernden – Eiderabdämmung bei Vollerwiek wird Eiderstedt endgültig zu Festland werden, nachdem es bis 1489 aus den von Eider und Heverstrom umflossenen Inseln Utholm (im Westen), Heverschop (in der Mitte) und Eiderstedt (im Osten) bestanden hatte und dann durch Einkoogungen zur kecknäsigen Halbinsel wurde. Bei der Groten Mandrenke (Sturmflut) von 1362, die die Geestrandsiedlung Husum zum Hafen machte, war Eiderstedt von Nordfriesland (geologisch) getrennt worden; bei der Gebietsreform von 1970 wurden beide Landschaften sogar verwaltungspolitisch vereint. Damit öffnet sich Eiderstedt noch stärker den Städten unmittelbar vor seinen alten Grenzen, Friedrichstadt und besonders Husum, während die alte Kreisstadt Tönning mit ihrem kleinen malerischen Hafen in den Schmollwinkel rückt.

Mein schwedischer Urgroßvater, der nach der Gesellenprüfung als Buchbinder aus seiner nordischen Heimat zur Buchhandelsmetropole Leipzig pilgerte, siedelte sich später an dem Ort an, der ihm auf seiner langen Wanderschaft am besten gefallen hatte: im völkerbunten und doch so einheitlich wirkenden Friedrichstadt. Hier strömt alles zusammen – Eider und Treene (die schon zu Wikingerzeiten die Handelsstraße nach Haithabu bildeten), viel Marsch und etwas Geest, viel Geschichte mit etwas Gegenwart, viel Holland mit etwas Dänemark, mit Schleswig, Eiderstedt und Dithmarschen und natürlich viel Tee mit sehr viel Rum. Aus Holland verbannte Remonstranten erbauten das Städtchen im 17. Jahrhundert wie eine saubere Puppenstube: grachtenähnliche Kanäle, rechtwinklig kreuzende Straßen, winzige Friedhöfe, Rosenstöcke vor geweißten Häusern, Treppengiebel. Kirchen und Kapellen zeugen noch heute davon, daß hier in der Zeit des Glaubenskrieges sieben Religionsgemeinschaften freiheitlich neben- und miteinander lebten. Mein lutherischer Großvater mietete das «Remonstrantenhaus» samt Kapelle, weil ihn der Gemeindevorstand davon überzeugte, daß die kleine Remonstrantengemeinde die Instandhaltung nicht bezahlen könne. Als ich jetzt in das Haus am Ostersielzug trat, in dem man nach meiner verklärenden Erinnerung wie im Traum aus einem Saal in den andern gelangt, bot mir derselbe Greis, der meinen Großvater überredet hatte, das wahrhaft teure Gebäude zum Geschenk an. Unter der Bedingung, daß ich es renovieren lassen würde, versteht sich.

Sorge mit der Pflege ihrer Traditionsbauten haben auch die Eiderstedter Großbauern. Als sich der Haubarg (Heuberg) vor etwa 350 Jahren zum größten Bauernhaus der Welt entwickelte, war Eiderstedt noch eine Kornkammer. Der Wirtschaftsweise entsprach der quadratische Grundriß dieser stolzen Einraumhäuser, die, oft hinter windgeschorenen Ulmen auf Warften stehend, im flachen Marschland Markierungspunkte darstellen. Veerkantstenner (vier Eckstützen, manchmal auch acht) bilden das Bockgerüst für das steile, allseitig abgewalmte Reetdach, das, wie etwa beim Hof Hamkens in Tating, Eulen, Störche und Steinmarder anzieht. Gut vierhundert Fuder finden darunter Platz; aber für so viel Stapelraum besteht gar kein Bedarf, seitdem Eiderstedt im 19. Jahrhundert zur Weidewirtschaft überging, um Fettvieh fürs industrialisierte England zu liefern. Seitdem stellen die Wahrzeichen Eiderstedts einen schönen Luxus dar, erhalten, um von Künstlern wie Nolde gemalt zu werden.

Heute sind nur noch zehn Prozent des schweren Marschbodens Ackerland. Von Horizont zu Horizont räkeln sich schmatzend grüne Fennen. Milchwirtschaft ist ertragreicher und arbeitsintensiver als Weidemast, aber selbst der Siegeszug der Schwarzbunten – zu meiner Jugendzeit gab es nur rotbunte Ochsen – nimmt den Eiderstedtern nicht ihren Ruf, faul zu sein. Er rührt nämlich auch daher, daß etwa ein Viertel der in Eiderstedt gegrästen Rinder gar nicht den Eiderstedtern gehört. Der tiefere Grund für die Verpachtung der fetten Fennen liegt im Erbrecht, das Realteilung verlangt. Die Bauernsöhne, die als Lehrer, Pfarrer, Ärzte in die Städte zogen, verkauften oder verpachteten ihre Anteile. So viele studierte Bauernsöhne gab es, weil die Erhaltung der Freiheit ein hohes Bildungsniveau verlangte. Das Eiderstedter Landrecht von 1572 garantierte, teilweise bis in unser Jahrhundert, selbständige Verwaltung und autonome Ausübung der Rechtspflege, und wer verwal-

Links: Ausreiten am Strand gehört seit je zu den besonderen Verlockungen eines Aufenthalts an der See, ob über das Watt der Nordsee oder den Ostseestrand.

Rechte Seite: Einige Bewohner Schleswig-Holsteins, denen man um die Dörfer herum und am Meer begegnet: Gänse, Kaltblüter, ein Esel auf der Hallig Hooge, Seehund und Lachmöwe. Der Boxer in der Mitte der Seite ist allerdings sicher nur zu Gast am Strand …

ten und richten wollte, mußte zum Beispiel Latein lernen: zwei Lateinvokabeln pro Tag, schreiben alte Schulsatzungen vor. Früher produzierte Eiderstedt fast so viele Akademiker wie heute Ochsen, sagt man.

Die Zerrissenheit des Landes und der Kampf mit dem Meer begünstigten Freiheit und Freiheitsliebe samt ihrer norddeutschen Spielart Dickköpfigkeit. Das Singen in den Wind, gegen den ständig wehenden Wind, etwa bei Wanderungen auf dem Eiderdeich von Friedrichstadt über Tönning nach Vollerwiek oder über Dünen und Sandbänke bei St. Peter-Ording, kräftigt die Kommandostimme. (Seit der Entdeckung Eiderstedts durch den Tourismus singt man dort ungestörter im Winter.) Aber ganz Mensch wird der Eiderstedter erst jenseits der Deiche: auf Vorland und Watt, im Zwischenreich zwischen Land und Meer, zwischen Werden und Vergehen, mit seinen Zwischentönen von Raunen bis Glucksen, seinen großzügigen Farbkompositionen, mit seiner Einsamkeit und seiner Weite.

Das Wattenmeer! Als Schuljunge träumte ich mit Klaus Groth: «Mitünner in de holle Ebb (bei Niedrigwasser) / So süht man vunne Hüs' de Köpp / Denn dukt (taucht) de Thorn (Turm) herut ut Sand / As weert en Finger vun en Hand», aber ich fand auf den von Wellen geprägten Rippelmarken des Watts keine versunkenen Städte wie Rungholt, sondern Strandkrabben und Einsiedlerkrebse, Herz- und Klaffmuscheln, Austernfischer, ja Seehunde und manchmal einen ausgelaufenen Krabbenkutter, der auf die Flut wartete, um wieder flott zu werden. Die Fischer erzählen mir «Döntjes, Klöntjes, Spökenkram / Riemels, Striemels, mennich Nam», oder sie schimpften. Das ist das Schönste an Eiderstedt: daß man dort noch auf Niederdeutsch schimpft.

Kurt Reumann, 1972

In südlichen Gefilden

Schrevenborn, den 30. Mai Nun bin ich schon den fünften Tag in diesem Paradies, in dessen Mitte ich mir Kiel mit seiner Universität als den Baum der Erkenntnis des Guten

Dithmarschen ist wegen seiner besonderen Bodenqualität (mit Geestsanden durchsetzter Wattenschlick) bestens geeignet für sogenannte Hackfrüchte, zu denen der Weißkohl und andere Kohlsorten gehören.

Tabakernte in Poggensee bei Nusse. Für den Tabakanbau sind die kalihaltigen Böden Norddeutschlands recht günstig. In der Küstengegend werden Schnupf- und Kautabak, Elixier des Seemanns, seit alters her fleißig gebraucht.

Auf einer Werft in Heiligenhafen an der Ostsee. Der Werftbau hat den Anwohnern der Küstenstriche Norddeutschlands lange Zeit Arbeit und Brot gegeben. Heute sind die kleinen Werften mehr und mehr im Schwinden begriffen.

und des Bösen vorstelle. Diese recht hübsche Stadt hat eine sehr angenehme Lage, und die Gegend ringsherum ist bezaubernd. Man kann sagen, was man will – Holstein ist doch zweifellos ein wenig südlicher als Dänemark gelegen. Ich sehe keinen Grund, weshalb ich dies bezweifeln – und verschweigen sollte, daß der Frühling hier schon voll ausgereift ist. Auch habe ich kein Bedenken, Ihnen zu erzählen, daß mir die Einwohner diesseits der Eider etwas mehr vom Süden geprägt zu sein scheinen als jene auf der anderen Seite – daß es mir vorkommt, als wären die Bauern hier größer, gesünder, lebhafter und die Bauersfrauen netter, hübscher und gewandter – ihre Häuser bequemer, wohnlicher und insgesamt besser, ihre Rinder und sonstigen Tiere größer, fetter und kräftiger – ihre Äcker und Wiesen besser gepflegt – und das Ganze, um den mildesten Ausdruck zu gebrauchen, der mir auf die Schnelle einfällt, physiognomischer. Ich weiß nicht, weshalb ich die Vorzüge meines Nächsten verschweigen sollte; warum ich seine Fehler zudecken sollte, weiß ich wohl – und was Holstein betrifft, so muß ich gestehen, daß ich meinen Bruder, obgleich er gesünder ist als ich, genauso für den Sohn meines Vaters halte wie mich selbst.

Ich freue mich, nach einer langen Abwesenheit einen solchen Bruder wiederzusehen. Empfängt er mich mit offenen Armen, mit brüderlicher Gastlichkeit, als einen, in dessen Antlitz er die Züge des gemeinsamen Vaters erkennt – dann freue ich mich noch mehr; und finde ich, daß es in seinem Hause besser steht als in dem meinen, so kann ich zwar erröten, doch unmöglich mich darüber grämen.

So ging ich am Morgen des 26. Mai nach der angenehmsten Einfahrt in die Kieler Bucht mit innigem Vergnügen als erster an Land – um die schöne Erde wieder zu begrüßen, in deren Hainen die Vögel vor zwei Jahren so viele meiner Leiden weggezwitschert hatten. Es fiel mir überhaupt nicht ein, an das Recht der Erstgeburt, an die Hätscheleien meiner Mutter oder an meine glatte Haut zu denken – das Rauhe, das ich vorfand, erschien mir rauh, und ich ließ es rauh sein, ohne es deshalb zu verurteilen; denn den ersten Juden, den lieben gesegneten Jakob, nachzuahmen, ist mir niemals in den Sinn gekommen.

Tanzgruppe aus Schönberg, Kreis Plön, bei einem Probsteier Tanzfest.

Noch am gleichen Nachmittag machte ich einen Spaziergang von Kiel durch die liebliche Allee am Strand entlang zum bewaldeten Steilufer an der Baumschule Düsternbrook, einem Ort, der viel Ähnlichkeit mit unserem Springforbi besitzt – und wo ich mich letztes Mal zusammen mit dem Sänger von Hellebæk an der Aussicht über die Mündung der Bucht und auf das offene Meer begeistert hatte. Meine Erinnerung, von den gleichen lächelnden Bildern in ebenso freundlichem Sonnenschein belebt, schien diesen geistreichen Dichter der Jamben, der «Insel», «Numas» und der «Zukunft» noch zu sehen und zu hören, wie er mir voller Entzücken die Zauber Hellebæks, Humlebæks und Vedbæks malte – und so schwärmte meine Phantasie auf einmal mit doppeltem Blick zwischen allen Reizen dieser verschiedenen Landschaften. In den Wipfeln der hohen Bäume, welche den steilen Hang bekränzten, sangen die Vögel, und tief unter unseren Füßen plätscherten die müde gewordenen Wellen der Bucht.

Am folgenden Tag unternahm ich eine der angenehmsten Landreisen, die ich bis dahin gemacht hatte. Nach einer kleinen ländlichen Mahlzeit mit einem glücklichen Ehepaar auf dem herrlichen Schirensee – gelagert auf einem grünen Platz inmitten von Maiglöckchen, einem Hügel gegenüber, der von blökenden Kühen und plärrenden Lämmern wimmelte, umtönt von allen Nachtigallen des Gartens: wo sonst hätte ich lernen können, hätte ich es nicht vorher gewußt, wie wenig genug ist und wie unendlich vieles im Schoß der Natur liegt – kam ich nach Bordesholm, zwei Meilen von Kiel entfernt. Hier empfing uns Graf Holck mit seiner üblichen Munterkeit und Gastfreiheit. Die Gesellschaft war ziemlich groß, jedoch äußerst ungezwungen. Sie bestand zumeist aus Damen – ich brauche Ihnen also nicht zu erzählen, daß ich mich gut unterhielt. Am Tag darauf, gestern, segelte ich mit Professor Cramer und seiner Frau, ihren Kindern und Herrn Spazier, einem jungen deutschen Gelehrten mit vorzüglichen Talenten, dessen Bekanntschaft vor allem in Hinblick auf die Musik Sie zu meinem Bedauern in Kopenhagen nicht haben machen können, über die Förde zum östlichen Ufer, wo ein Wagen bereitstand, um uns in dieses

Krempe, nordöstlich von Glückstadt gelegen, feiert das «Kremper Fahnenschwenken», zu dem auch internationale Fahnenschwenk-Gruppen kommen.

Elysium zu bringen. Wir fuhren durch die lieblichsten Wälder zum Schloß, das zwischen lauter mit Buschwerk bestandenen Hügeln überaus vertraulich in der Umarmung der Natur liegt. Es gehört einer Familie, in die man sich nach zweitägiger Bekanntschaft eingegliedert wünscht, und ich befinde mich hier, als wäre ich in Trolleborg auf Fünen oder in Christianssæde auf Lolland. – Indessen hat unter den mannigfachen ländlichen Vergnügungen, die meine Sinne und mein Herz unter sich teilten, nichts so sehr meine gesamte Aufmerksamkeit angezogen wie ein Bauernhaus in der Nähe auf einem der schönsten Plätze im Wald. Die innere Verfassung, in der ich es vorfand und in der es sich stets befindet, ob man es morgens, mittags oder beim Hahnenschrei besucht, verdiente mehr als irgend etwas anderes in der Umgebung von Kiel als das idealste Muster an vollkommener Ordnung und Reinlichkeit eine ausführlichere Beschreibung; doch um diese zu machen, habe ich weder Zeit noch Fähigkeit.

Jens Baggesen, 1789

Die Kieler Bucht

Die Kieler Bucht ist ohne Zweifel eine der schönsten und sichersten von ganz Europa. In diesem geräumigen Wasserbecken könnten alle Flotten der Erde Schutz suchen und sogar manövrieren. Kiel selbst liegt (vom Lande aus) links am Ende des Hafens mit einem Hintergrunde von üppigem Grün. An der anderen Seite befindet sich das von der Stadt völlig getrennte und mit hohen Mauern umfriedete Arsenal. Der Kieler Busen ist von einem dichten Rahmen herrlicher Bäume eingefaßt. Ulmen, Buchen, Kastanien, welche oft bis zum Strande herabgehen, erreichen hier eine kaum glaubliche Größe.

Zahlreiche Landhäuser schimmern auf den die Bucht umgebenden Hügeln lachend aus dem dunklen Grün hervor, während die verschiedenen Punkte des Hafens durch flinke Dampfer in bequemer Verbindung gesetzt sind. Man kann sich kaum einen freundlicheren, erquickenderen Anblick denken, als den jener Häuschen von oft phantastischer

Bauart, welche das schöne, wechselreiche Ufergestade schmücken. Ohne Zweifel entwickelt sich dieses bevorzugte Stückchen Erde in nicht ferner Zeit zum Stelldichein der vornehmen deutschen Gesellschaft, zu einem Brighton Norddeutschlands, aber einem unendlich viel grüneren, schattigeren, waldesduftigeren Platze als jenes Brighton an der englischen Küste, das, von der See aus gesehen, durch seine einförmige Dürre der Landschaft eher abschreckt.

Wir brauchen wohl nicht besonders zu bemerken, daß der Kieler Busen sorgsam und zweckmäßig befestigt ist. Die sehr enge Einfahrt zu demselben wird von furchtbaren Batterien beherrscht, welche jene übers Kreuz bestreichen. Ein feindliches Schiff, das diesen Weg zu forcieren versuchte, würde zweifellos binnen weniger Minuten zerschmettert sein.

JULES VERNE, 1882

Das Meer bei Travemünde

Die Stadt Lübeck trägt durchaus das majestätische düstere Gepräge der Vorzeit. Gegen zehn Uhr des Morgens traten wir auf einer Lehnkutsche die Spazierfahrt nach Travemünde an, die Krone und der höchste Gipfel unserer Reise. Ein anmutiger Weg zwischen Alleen und Gärten führte uns bis an die Trave, wo wir auf einer Fähre, die an Tauen fortgezogen wird, übergesetzt wurden. Von hier aus bemerkten wir schon an allen Umgebungen, daß wir uns in der Nähe des Meeres befanden. Die Gegend senkt sich immer mehr abwärts, wird immer wilder und seltsamer. Kleine Wäldchen von niedrigem Nadelholz strecken sich an langen Sümpfen und Seen hin, und Schiffe von bedeutender Größe segeln auf der Trave, die sich bei Travemünde ins Meer stürzt, auf und ab. Mit der gespanntesten Erwartung sehen wir dem Augenblick entgegen, wo wir das Meer zu Gesicht bekommen würden. Endlich, als wir den Gipfel der letzten Anhöhe vor Travemünde erreicht hatten, lag plötzlich das ungeheure Ganze vor unseren Augen und überraschte uns so fürchterlich, daß wir alle in unserem Innersten erschraken. Unermeßlich erstreckten sich die grausigen Fluten in unabsehbare Fernen. In schwindlichter Weite verfloß die Riesenwasserfläche mit den Wolken, und Himmel und Wasser schienen ein unendliches Ganzes zu bilden. Im Hintergrund ruhten ungeheure Schiffe, wie an den Wolken aufgehangen. Trunken von dem himmlischen Anblicke erreichten wir endlich Travemünde, ein, fast wie Karlsbad, an der Küste erbautes niedliches Städtchen, welches wegen des dasigen Seebades von Fremden sehr häufig besucht wird. [...]

Das Wasser hat durchaus eine schöne dunkelgrüne Farbe und ist dem ohngeachtet so rein, daß wir bis auf den Grund, diese fürchterliche wilde Unterwelt, die wie ein düsteres Forstgebirge mit Meergras bedeckt ist, hinabschauen konnten.

JOSEPH VON EICHENDORFF, 1805

Fensterblicke auf Geest und Marsch

Das Land, in dem ich lebe, das engere jedenfalls, Schleswig-Holstein, ist kein Gebiet überwältigend exotischer Kulissen oder hektischer Agglomerationen, vielmehr eines der guten Luft, der eher beruhigend wirkenden Landschaft und des gemütlicheren Tempos.

Aus meinen Fenstern sehe ich ausschließlich die Landschaft. Zwischen «Geest» und «Marsch» gelegen, wird meinem Blick die Gnade leichter Bodenwellung zuteil, verstreuter Wälder und Wäldchen, hingehockter Buschgruppen, vereinzelter Bäume und fleißig bestellter Felder: Ob Sonnabend oder Sonntag: Der Bauer fährt mit seinem Traktor an meinem Haus vorbei, weil wir nicht stundenlang vor irgendeinem obskuren Laden Schlange stehen wollen einer angefaulten Gurke wegen, oder genügend Goldvorkommen haben, um Millionen Tonnen Weizen aus Amerika zu importieren. Hier wird noch gearbeitet und nicht vom Lande desertiert, wie man hört. Inmitten dieses landwirtschaftlichen Fleißes, rundum durch beackerte und bestellte Flächen kenntlich, befindet sich unser Garten und Haus. Und ich nenne den Garten an erster Stelle, weil er sich tatsächlich so überaus sichtbar von der umgebenden Nützlichkeit als ein Eiland der Zweckfreiheit ab-

Fortsetzung Seite 129

Frühlingstag am Vierer See in der Holsteinischen Schweiz.

Das Städtchen Malente liegt zwischen dem Kellersee und dem Dieksee. Man findet dort so malerische Häuser wie dieses, das vom Bootsverleih bis zu geräucherten Eiern allerlei zu bieten hat.

Da Malente ein viel besuchter Luftkurort ist, besitzt es auch eine gepflegte Uferpromenade entlang des Dieksees. Frühmorgens macht sich der Gärtner auf den Weg …

... und kümmert sich um die Blumenrabatten, die reichlich die Spazierwege zieren.

Im Park des Eutiner Schlosses, das in den Jahren 1716 bis 1727 für die Eutiner Fürstbischöfe erbaut wurde. Seine Anlage ging aus einer mittelalterlichen Burg hervor. Im Schloßpark gibt es eine Orangerie.

Nächste Doppelseite: Das gewaltige Plöner Schloß beherbergt heute ein Internat.

In der Holsteiner Gutsräucherkate in Blickstedt. Daß Katenschinken und Räucherwürste eine besondere Köstlichkeit sind, läßt sich beim Anblick des gedeckten Tisches in der guten Stube leicht erahnen.

Mit Recht schaut der Räuchermeister der Holsteiner Gutsräucherkate stolz auf dieses Prachtexemplar eines Holsteiner Schinkens.

Katenrauch nennt man geräucherte Schinken und Würste, die durch ein spezielles Rußverfahren eine dunkel glänzende Oberfläche erhalten. In der Räucherstube hängen die fertigen Schinken und Würste zum Verkauf.

Nachmittägliche «Teezeit-Stimmung» in der Holsteiner Gutsräucherkate in Blickstedt.

Malente und Gremsmühlen, zwei Orte an der Schwentine, wurden Anfang des 20. Jahrhunderts zu einer Stadt zusammengefügt. In der alten Wassermühle von Gremsmühlen ist heute ein Restaurant und Ausflugslokal.

hebt. Und er wird auch als ein Eiland, vielleicht sogar als ein rettendes, angesehen, zumindest von den Vögeln, die ihn zu ihrer überdimensionalen Voliere erkoren haben. [...]

Wie der Fasan meinen Garten gefunden hat, ist mir ein Rätsel, denn ich wohne in drei Orten zugleich, was ich mir im Grunde immer schon gewünscht habe. Zumindest habe ich drei Adressen, die alle «funktionieren». Die Orte heißen Kaisborstel, Breitenfelde, Pöschendorf, und die unterschiedlichsten Institutionen schreiben mir unter diesen Ortsnamen, möglicherweise nur, um mich zu verunsichern. Dabei habe ich mich längst entschieden. Auch wenn ich im Telefonbuch unter Breitenfelde angegeben werde und die Sparkasse Belege unbedingt Pöschendorf zuordnet – ich stehe zu Kaisborstel und könnte mit einer gewissen Verspätung, aber mit mehr Berechtigung, wie ein amerikanischer Präsident es von einer anderen Stadt behauptete, sagen: Ich bin ein Kaisborstler!

Als solcher bin ich natürlich Lokalpatriot: Dieser Fleck Erde, über den ich aus meinen Fenstern (der Reihe nach) hinwegschaue, ist selbstverständlich der schönste. Sehe ich morgens aus dem Schlafzimmerfenster auf eine leicht ansteigende Schleife der Bundesstraße 204, die von Hamburg nach Husum reicht und von der direkt zwischen Itzehoe und Schenefeld unsere Straße, meine Straße abzweigt, so beruhigt mich der Anblick: Dahinten jagt das Blechspielzeug dicht gedrängt auf seiner Spur ins Irgendwo, jedenfalls und glücklicherweise an Kaisborstel vorüber. Nachts flackert das Fernlicht der eiligen Gespenster über Wände und Decke, bedrohlich und aufstörend, als habe draußen schon das Unheil stattgefunden, das sowieso alle erwarten, und als habe die allgemeine Flucht eingesetzt: zu einem nächsten und diesmal endgültigen. Mechanische Lemminge: So kommen sie mir vor, zu denen ich auch gehöre, um dann, aus der umgekehrten Perspektive, die beiden oberen Fenster und den Giebel unseres Hauses aufatmend aus der Ferne zu sichten: Wir dürfen abbiegen und heimkehren, während die andern weiter müssen.

Oft genug aber, meist gegen Morgen, verdeckt ein spezielles Landesprodukt den Anblick: der Nebel, vor dem im Verkehrsfunk gewarnt wird; da breitet er seine milde Gräue vor uns aus und versteckt diesen Ausblick auf das technische Zeitalter. Nun könnte man meinen, Kaisborstel liege auf dem Mars oder in einem anderen Jahrhundert. Der Nebel, der diesem nördlichen deutschen Landzipfel, der antiken «Chersonesus Cimbrica», den Beinamen «die Sonnenlose» eintrug, schreckt uns nicht, denn er umhüllt uns vielmehr weltausschließend und geräuschhemmend. Jetzt fliegt auch kein Hubschrauber, kein Jagdbomber, keine Transall-Maschine vom Flugplatz beim Dorf «Hungriger Wolf» dröhnend über uns weg, und auch der Wind hat sich gelegt. Übrigens: Ohne den Wind, dem man «anriecht», daß er vom Meer herkommt, wäre die Luft nicht von solcher gläsernen Klarheit, als sei sie direkt aus einer Luftwaschanlage frisch geliefert worden.

Entgegen dem Blick aus dem Schlafzimmer nach Südost bietet sich dem aus dem gegenüberliegenden Dachboden nach Nordwest wenig Eindrucksvolles: Ein präsumptiver Hügel, noch im Zustand des Werdens, der Schöpfung, die jedoch unterbrochen scheint. Unter ihm eine Müll-Deponie, vor einigen Jahren aufgegeben und mit Sand bedeckt. Den ganzen Winter hindurch dröhnten über die schmale Straße vorm Haus Transportfahrzeuge, die Mutterboden abluden, den wiederum Raupenfahrzeuge mit ihren Schiebern verteilten. Aber außer Unkraut blüht bis jetzt dort nichts: Die Heilung der Wunde läßt auf sich warten. Zerstören ist leicht, und daß noch leichter Geld für künftige Zerstörung bewilligt wird, ist vielen «Anliegern» im Umkreis gewiß.

Hingegen aus dem Küchenfenster gesehen und über das schmale Asphaltband hinweg und über ziemlich ausgedehnte Maisfelder: Den Horizont begrenzen fern Häuser und Dächer einer Ansiedlung, Schenefeld, das schon erwähnte, mit einem spitzobeliskartigen Turm der ältesten Kirche Schleswig-Holsteins, der zu meinem unverminderten Genuß genau das Glockenspiel von Big Ben in London nachahmt: Wer in der Sparkasse gegenüber seine Schulden zählt, darf, sobald er die Augen schließt, sich in «Barclays Bank» wähnen oder gar in der «Stock Exchange». An dieser örtlichen Spezialität führt die Bundesstraße 204 vorüber und weiter nordwärts, bis Niebüll, bis zur Um- und Urwelt Noldes, die, längst domestiziert, sich von den Visionen des Malers immer mehr entfernt hat. Vorher

Links: Der Komponist Carl Maria von Weber (1786–1826) wurde in Eutin geboren (Gemäle von Caroline Bardua). Mitte: Der expressionistische Maler Emil Nolde, eigentlich Hansen (1867–1956), stammte aus Nolde in Südtondern. Rechts: Der Schriftsteller Detlev von Liliencron (1844–1909) war gebürtiger Kieler.

Links: Der Dichter Theodor Storm (1817–1888) wurde in Husum geboren. Mitte: Der Dramatiker Friedrich Hebbel (1813–1863) stammt aus Wesselburen in Dithmarschen. Rechts: Der Historiker und Jurist Theodor Mommsen (1817–1903) stammt aus Garding. Er wurde 1902 als erster Deutscher mit dem Nobelpreis für Literatur ausgezeichnet.

aber fährt man durch Friedrichstadt, die «Holländersiedlung an Eider und Treene», wie die Touristenwerbung das Städtchen nennt: Ein vergessenes Beispiel praktizierter Toleranz, denn hier lebten sechzehn Glaubensgemeinschaften friedlich neben- und miteinander. Numerisch an zweiter Stelle und als ein Fünftel der Bevölkerung: die Juden. Ihre Hinterlassenschaft sind zwei Friedhöfe, von denen der eine aus dem Jahre 1676 «op de Klint» seinen Charakter als Begräbnisstätte längst verloren hat. Wenige schwärzliche, in ihren Urzustand zurückverwitterte Steine ruhen in einem Kreis unter windschiefen Bäumen auf einer Wiese an der Treene. [...]

Vor dem Fenster meines Arbeitszimmers breitet sich ein nahezu reines Landschaftspanorama aus. Im Vordergrund einige Meter Garten, dann Feld und Busch, Baum und Wald, der den Horizont bildet. Über den fernen Wipfeln und ferner als sie: Überlandleitungen wie das Mastwerk aufrecht gestrandeter Windjammer, aber gemalt von Caspar David Friedrich, da sie in witterungsunabhängiger Reglosigkeit verharren.

Wäre unser Haus ein Hochhaus, ich würde über den Hochspannungsmast hinwegblicken können, über viele solcher Konstruktionen und würde die Dörfer am Stör-Deich erkennen, an dem entlang man eine verschlungene, kurvenreiche Straße nach Wewelsfleth fährt, um Ute und Günter Grass in ihrem altertümlichen Bau aus dem 17. Jahrhundert zu besuchen.

Links: Die Schriftstellerin Ida Boy-Ed (1852–1928) wurde in Bergedorf geboren. Mitte: Der 1871 in Lübeck geborene Schriftsteller Heinrich Mann, rechts davon Thomas Mann, 1875 in Lübeck geboren. Die Brüder entstammen einem alten Lübecker Bürgergeschlecht. Ihre Heimatstadt ist in ihrer Literatur vielfach zum Thema geworden.

Links: Der Schriftsteller Günter Grass, geboren 1927, lebt heute in Behlendorf bei Ratzeburg. Mitte: Die Lyrikerin Sarah Kirsch, geboren 1935, lebt heute in Tielenhemme. Rechts: Der Schriftsteller Siegfried Lenz, geboren 1926, fand mit seinem in der schleswig-holsteinischen Provinz spielenden Roman «Die Deutschstunde» von 1968 große Anerkennung.

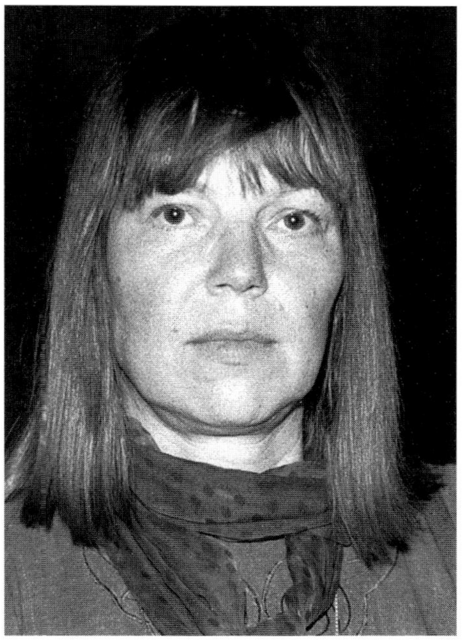

Von hier ist es ein Katzensprung bis zu den Städten technischer Vorherrschaft, die zugleich jene der Niederlage eines humaneren Bewußtseins sind: Brunsbüttel und Brokdorf. Zwischen dem fensterlosen Klotz des Kernkraftwerkes, dessen Erscheinungsweise wenigstens nicht über seine vielfältige und unheimliche Bedeutung hinwegtäuscht, und gigantischen Chemieanlagen geht die Straße zu einem sterbenden Fluß. Umwelt ist zum technizistischen Environment denaturiert. Wer abends an den Anlagen vorbeifährt, an den metallischen Offenbarungen einer fehlgelaufenen Evolution, an Türmen und Rohren, an dieser zusammengenieteten und verschraubten Festung des Fortschritts, festlich überglänzt von zahllosen Lampen und Lämpchen (Was für ein Fest soll das sein?), dem wird angst und bange vor soviel Zukunft. Und Gegenwehr? Wie denn? Überhaupt: Falls es gelänge, die Kehrseite der industriellen Zivilisation zu «reinigen», die Lebensbedrohung durch die Nebenprodukte der Produkte abzuwenden, wären wir denn damit schon all ihren anderen Implikationen entkommen, die uns zu minderen und beiläufigen Bestandteilen ihrer selbst machen?

Das Grün rings, in dem ich zu leben wähne, verstellt auf natürliche und freundliche Weise derartige Aspekte, ohne sie wirklich verschwinden zu machen.

GÜNTER KUNERT, 1983

Hannes Hansen

Städte und Landschaften, Geschichte und Kultur

Allgemeine Informationen

Kunst und Kultur. «Nördlich von Hamburg leben die Eskimos», soll Lothar Günther Buchheim einmal gesagt haben. Das bissige Bonmot spielt auf die vermeintliche Kunstferne Schleswig-Holsteins an, auf einen kulturellen Dornröschenschlaf, aus dem es erst wachgeküßt werden müsse. Zugegeben, die ganz großen geistigen Impulse sind von hier nie ausgegangen. Aber so hyperboräisch und barbarisch, wie der bissige Tausendsassa meint, ist das Land nicht, ist es nie gewesen. Namen wie der des Homerübersetzers Johann Heinrich Voß, der in Eutin lebte, des Husumer Rechtsanwalts und Dichters Theodor Storm oder der noch im Exil von hanseatischem Geist geprägten Lübecker Senatorensöhne Heinrich und Thomas Mann haben auch südlich der Elbe einen guten Klang.

Auch die schönen Künste hatten und haben im hohen Norden Deutschlands durchaus ihre Heimat. Die eigenständige norddeutsche Backsteingotik, im Mittelalter prägender Baustil des gesamten Ostseeraums bis nach Polen und ins Ordensland hinein, nahm von Lübeck ihren Ausgang. Und in jüngerer Zeit verlieh der Maler Emil Hansen, der sich nach seinem – heute in Dänemark gelegenen – Geburtsort Nolde nannte, dem deutschen Expressionismus seine glühenden Farben.

Was schließlich die Musik angeht, so wurde Carl Maria von Weber 1786 in Eutin geboren, und sein «Freischütz» wurde zum Inbegriff der deutschen Oper. In den letzten Jahren hat sich das Schleswig-Holstein Musikfestival (→«Festivals und Feste» Seite 154) unter den großen Musikfesten Europas einen Namen gemacht.

Geographische Lage und Klima. Schleswig-Holstein ist das Land zwischen den Meeren, zwischen Ost- und Nordsee. Im Süden bildet die Elbe die Grenze zu Niedersachsen, im Südosten eine Linie etwa von Lübeck bis Lauenburg die zu Mecklenburg-Vorpommern, und nördlich der Linie Flensburger Förde – Sylt beginnt das Königreich Dänemark.

Auf 15 677 Quadratkilometern leben ca. 2,8 Millionen Menschen; nicht eben wenige, aber doch längst nicht so viele wie im Durchschnitt der Bundesrepublik.

Wirklich große Städte gibt es in Schleswig-Holstein nicht. Die größte ist die Landeshauptstadt Kiel mit knapp 240 000 Einwohnern. Lübeck zählt über 220 000, Neumünster und Flensburg etwas weniger als 100 000 Einwohner.

Das Klima ist ausgeprägt ozeanisch mit relativ milden Wintern und kühlen Sommern. Die meist vorherrschenden Westwinde bringen viel Regen, aber von Mai bis Ende Juni und September bis Mitte Oktober gibt es häufig Schönwetterperioden.

Landschaftsgliederung. Viel wichtiger als die so gut wie bedeutungslos gewordene Nord-Süd-Teilung des Landes in das alte dänische Herzogtum Schleswig und das deutsche Holstein sind die drei von Osten nach Westen einander folgenden Landschaftstypen. Das östliche Hügelland ist eine Schöpfung der letzten Eiszeit vor etwa 20 000 Jahren. Die von Norden und Osten vorrückenden Gletscher hobelten tief ins Land einschneidende «Förden» in die unruhige Küstenlinie; sie schoben Sand, Lehm und Felsbrocken vor sich her, türmten das Gemenge zu Endmoränen auf und hinterließen beim Abtauen die sanften Hügel der Grundmoränen. Wo «Toteis» in tiefen Löchern liegenblieb, bildeten sich später die vielen Seen des östlichen Hügellandes. Der fruchtbare und nicht zu schwere Boden wurde schon früh besiedelt, die schützenden Buchten und Förden begünstigten das Entstehen von Städten wie Flensburg, Schleswig, Eckernförde, Kiel und Lübeck.

Auch die westlich anschließende *Geest*, eine nur spärlich gegliederte Landschaft, verdankt ihre Entstehung größtenteils der letzten Eiszeit. Die aus gewaltigen «Toren» hervorbrechenden Gletscherflüsse transportierten riesige Mengen Sand, die das Land fast völlig unter sich begruben. Bis zur Binnenkolonisation, die Mitte des vorigen Jahrhunderts einsetzte, war die Geest fast völlig unbesiedelt – eine «wüste und öde Heide» nannte sie Theodor Storm.

Ganz im Westen dann die flache, grasgrüne und topfebene Marsch mit dem vorgelagerten Wattenmeer und den Inseln. Das außerordentlich fruchtbare Schwemmland, eine in Deutschland einmalige Landschaft, ist geologisch noch ganz jung. Vor etwa zweitausend Jahren begann das Meer, die Marsch zu schaffen, die Menschen halfen und helfen bis in unsere Tage mit Eindeichungen nach.

Flora und Fauna. Von dem einst undurchdringlichen Buchen-Eichen-Mischwald des östlichen Hügellandes sind nur noch Reste erhalten. Auch die meisten ehedem zahlreichen Moore sind längst abgetorft und ebenso «kultiviert» worden wie die Heidelandschaft der Geest. Einen Einblick in die ursprüngliche Pflanzen- und Tierwelt geben nur noch die vielen Naturschutzgebiete. Immerhin, mit dem Raubbau an der Natur hat man es meist nicht so schlimm getrieben wie anderswo. Und so sieht man gelegentlich noch den Seeadler über den Gewässern im Osten des Landes kreisen, hier brüten immer noch oder wieder seltenere Arten wie Uhu, Graugans, Storch und Rohrweihe.

Im Wattenmeer hat sich eine nahezu naturbelassene Landschaft erhalten, die letzte große Wildnis Europas. Ein Erlebnis besonderer Art ist es, im Frühjahr und Herbst die riesigen, Tausende, ja Zehntausende zählenden Schwärme sibirischer und skandinavischer Zugvögel, die Knutts und Alpenstrandläufer, die Ringel- und Nonnengänse, zu beobachten. Auf ihrem Weg in wärmere Gefilde machen sie hier Rast und fressen sich auf den Salzwiesen vor den Deichen das Fett an, das sie für ihre Weiterreise brauchen. Auf den Sandbänken im Meer aalen sich Seehunde, deren Bestand nach dem Virenbefall vor ein paar Jahren glücklicherweise wieder zunimmt.

Politische Zentren sind die kreisfreien Städte Flensburg, Kiel, Lübeck und Neumünster sowie die Kreisstädte der elf – früher sechzehn – Landkreise, die alle auch als zentrale Markt- und Einkaufsorte für die Umgebung Bedeutung haben.

Fremdenverkehr. Das Land ist – mit Ausnahme vielleicht von Kampen auf Sylt und während des Schleswig-Holstein Musikfestivals – für den auf Chic getrimmten Urlauber wenig attraktiv. Um so mehr für Familien mit Kindern, Individualisten und Naturfreunde.

Vor dem Wahrzeichen von Bad Segeberg, dem Kalkberg, finden alljährlich die Karl-May-Festspiele statt, und das Kriegsgeheul von Winnetou dem Apachen hallt weit durch das Tal (Aufführung «Winnetou der Apache» 1988).

«Ferien auf dem Bauernhof» sind besonders beliebt und fast überall zu haben. Informationen gibt es bei der Schleswig-Holsteinischen Fremdenverkehrszentrale, bei den städtischen Touristikbüros und ansonsten auf den Bürgermeisterämtern.

Sehenswerte Orte und Landschaften

Ziffern im Kreis verweisen auf die Karte Seite 155

Amrum ①. Die zehn Kilometer lange und bis zu drei Kilometer breite Insel liegt am Rande des nordfriesischen Wattenmeeres in etwa 25 Kilometer Entfernung vom Festland. Auf der Insel gibt es kein nennenswertes Nachtleben. Dafür aber Watt, Dünen, Heide und einen bis zu einem Kilometer breiten Strand, den sogenannten Kniepsand.

Zwischen den Orten Norddorf und Nebel und bei Steenodde hat man Gräber aus der Wikingerzeit gefunden; prähistorische Funde aus der Stein- und Bronzezeit werden in einem Museum gezeigt. Sehenswert vor allem die reetgedeckte Kirche in *Nebel* aus romanischer Zeit.

Besonders beeindruckend auf dem Friedhof sind die kunstvoll bearbeiteten Grabsteine aus dem 17. und 18. Jahrhundert, aus dem «Goldenen Zeitalter» der Nordfriesischen Inseln. Damals fuhr fast die gesamte männliche Bevölkerung der Insel auf holländischen und Hamburger Walfängern und verdiente damit verhältnismäßig viel Geld. Auf den Grabsteinen, die Motive wie abgetakelte Schiffe, geknickte Blumen oder Totenschädel tragen, wird häufig die ganze, manchmal fast unglaubliche Lebensgeschichte des Verstorbenen rekapituliert. Besonders interessant ist die eines Hark Olufs, der als Elfjähriger in die Hände algerischer Seeräuber geriet, in die Sklaverei verkauft wurde, sich zum Finanzminister des Bey von Constantine hochdiente und als reicher Mann mit über dreißig Jahren auf seine Heimatinsel zurückkehrte.

Angeln ②. Die historische Landschaft zwischen Schlei und Flensburger Förde ist die Heimat des Stammes der Angeln, die zusammen mit den Sachsen im fünften Jahrhundert England («England», das Land der Angeln) eroberten. In der fast menschenleer gewordenen Landschaft siedelten sich Dänen an, später auch Deutsche. Sehenswert ist die angeblich kleinste Stadt Deutschlands, der wunderschön an der Schlei gelegene Fischer- und Seefahrerort *Arnis* mit etwa 300 Einwohnern. Fischer- und Hafenromantik läßt sich auch in Maasholm schnuppern, das ein Stückchen weiter die Schlei hoch in Richtung Ostsee liegt. Am Ausgang der Schlei breitet sich das Vogel- und Naturschutzgebiet *Öhe* aus, ein Paradies für Wanderer.

Bedeutend und von eigentümlich hoher bautechnischer Qualität sind die spätromanischen Granitquaderkirchen Angelns, beispielsweise in *Norderbrarup*, *Munkbrarup*, *Husby* und *Satrup*. Diese Gruppe von Kirchen aus sorgfältig behauenen Steinen aus dem ausgehenden zwölften Jahrhundert steht wohl im Zusammenhang mit dem Bau des Schleswiger Doms (→ Schleswig). Beeindruckend das urtümliche Tympanon des Süderportals der Norderbraruper Kirche und die Taufen aus gotländischem Kalkstein in Satrup und aus Granit in Munkbrarup.

Bad Segeberg ③. Das Wahrzeichen der Stadt ist der «Kalkberg», der trotz seines Namens aus Gips besteht. Ein Salzdom tief in der Erde hat diese schroffe Erhebung aus dem flachen Land emporgedrückt.

Ein touristisches Muß ist ein Besuch in den erst 1913 von spielenden Kindern entdeckten *Tropfsteinhöhlen* unter dem Berg. Zu sehen gibt es Stalaktiten und Stalagmiten, einen unterirdischen See und bizarre, bis zu fünfzehn Meter hohe Hallen.

Im Juli und August, während der Karl-May-Festspiele, hallt das Freilichttheater wider vom Kriegsgeschrei der Indianer. Jedes Jahr steht ein anderes Stück nach einem Buch des großen Indianerromantikers auf dem Spielplan.

Die romanische *St.-Marien-Kirche* in der Altstadt, die neben dem Dom zu Schleswig die älteste Backsteinkirche des Landes ist, wurde nach 1156 von Augustiner-Chorherren im Schutze der «Siegeburg» errichtet. Mit dem Kreuz und dem Schwert wurde von beiden Stätten aus die Christianisierung der slawischen Wenden in Ostholstein betrieben. Eine Besichtigung der dreischiffigen, gewölbten Basilika

Heimelige reetgedeckte Kapitäns- und Bauernhäuser findet man auf den Nordseeinseln, so zum Beispiel auf Amrum …

des gebundenen Systems lohnt schon wegen der sehr qualitätvollen und dabei altertümlichen Kapitelle und Kämpfer der Säulen aus Gipsstuck.

Bordesholm ④. Zu Anfang des vierzehnten Jahrhunderts beschlossen die Augustiner-Chorherren im nahen Neumünster, ihr Kloster an einen einsamen und abseits aller Verkehrswege gelegenen Ort zu verlegen: auf die Insel Bordesholm am Nordende des gleichnamigen Sees. Sie errichteten eine Kirche, eine der seltenen «Stutzbasiliken» – ein wie eine Hallenkirche alle drei Schiffe unter einem Dach versammelndes Gebäude, aber im Unterschied zu dieser mit unterschiedlicher Höhe der «Kämpfer», der Gewölbeansätze. Dort entwickelte sich ein reges klösterliches Leben. Eine Bibliothek wurde aufgebaut, die später den Grundstock für die Bibliothek der Christian-Albrecht-Universität in Kiel abgeben sollte. Die angeschlossene Klosterschule galt vom 15. bis zum 17. Jahrhundert als eine der angesehensten Bildungsstätten des Landes.

Heute freilich lassen nur noch die Architektur- und Kunstdenkmäler etwas von der einstigen Bedeutung Bordesholms erahnen. Die ehemalige Augustiner-Chorherrenkirche steht am Ortsende; abseits allen Getriebes auf einer Anhöhe über dem See gelegen – die einstige Insel ist längst landfest geworden –, vermag sie auch heute noch ein Bild klösterlicher Ruhe und eine Ahnung mittelalterlicher Frömmigkeit zu vermitteln.

Ein Besuch des Kircheninneren lohnt sich: Da ist das gotische Kreuzrippengewölbe mit seiner nach alten Befunden erneuerten Ausmalung, da ist das Grabmal der Herzoginwitwe Anna von Gottorf (gestorben 1514) mit den Liegefiguren des Herzogspaars und den Figuren der zwölf Apostel, da sind bedeutende und schön gearbeitete barocke Altäre. Und da ist vor allem das Chorgestühl aus dem Jahre 1509, ein wundervolles Beispiel spätgotischer Schnitzkunst.

Brunsbüttel ⑤. Nach Brunsbüttel am Westende des Nord-Ostsee-Kanals zieht es Reisende eigentlich nur, wenn sie ohnehin schon in der Gegend sind. Interessant werden ihnen vor allem die Schleusenanlagen sein, die den Kanal von der Elbe abschließen und von ihrem unregelmäßigen Wasserstand unabhängig machen. Eine Besichtigung ist möglich, von einer Ausblicksplattform aus kann man sich die «dicken Pötte» auf Fluß und Kanal ansehen.

Cismar ⑥. Vom ehemaligen Benediktinerkloster ist noch die von Wall und Graben umgebene Klosterkirche erhalten. Ihr zwischen 1250 und 1280 entstandener Ostteil gilt als eine der prachtvollsten und bedeutendsten Formulierungen der Backsteingotik des Landes. Im Sommer wird die Kirche für Ausstellungen genutzt.

Dithmarschen ⑦. Die freie Bauernrepublik war im Mittelalter nominell dem Erzbistum Bremen lehensuntertänig. Aber was machte das schon? Sollte doch der Herr Erzbischof ruhig versuchen, sich seinen Zehnten zu holen, man würde seine Ritter schon mit blutigen Köpfen nach Hause schicken. So wie die des Holsteiner Grafen oder des dänischen Königs, die beide immer wieder versuchten, die dickschädeligen Dithmarscher zu unterwerfen und deren Regierung, den Rat der «Achtundvierziger», abzusetzen. Das waren Großbauern, außerordentlich reiche und häufig sehr kultivierte Leute; achtundvierzig «Regenten» aus den verschiedenen Teilen des Landes. Erst 1559 in der «letzten Fehde» gegen ein Dänenheer verlor Dithmarschen seine Unabhängigkeit.

In Meldorf und in Heide ist noch ein wenig von der alten Herrlichkeit zu spüren, am eindringlichsten aber wohl auf dem *Geschlechterfriedhof* in dem kleinen Ort Lunden. Große Grabplatten und -steine, zum Teil über heute noch begehbaren Gruften, halten dort die Erinnerung wach an die einstmals mächtigen Dithmarscher *Geschlechterverbände*, aus dem Mittelalter stammende Kampf- und

… und in Nieblum auf Föhr. Bei der typischen, klimabedingten Bauweise der Häuser befindet sich die Scheune im Inneren des Gebäudes.

Schwurgemeinschaften wie die Tankmannen oder Russebelingmannen. Einer dieser Steine erinnert an die Ermordung des «Achtundvierzigers» Peter Swyn, eines Politikers und weithin berühmten Advokaten. Wer ihn gehabt hatte, der hatte «Swyn hatt», er hatte – in hochdeutscher Verballhornung – «Schwein gehabt»; und ein Problem, das er nicht verstand, aus dem wurde «kein Schwein» schlau.

Eckernförde ⑧. Bei der Altstadtsanierung des kleinen Ostseehafenstädtchens am Westende der nach ihm benannten Bucht hat man in den sechziger Jahren zwar die üblichen Fehler gemacht und alte, reichlich verwohnte, aber landestypische Kleinbürgerhäuser abgerissen und durch moderne Allerweltsbauten oder historisierenden Schnickschnack ersetzt. Gleichwohl hat sich aber noch genügend ältere Bausubstanz, haben sich vor allem enge, verwinkelte und kopfsteingepflasterte Gassen erhalten, um das Bild eines ebenso lebendigen wie überschaubaren Seestädtchens mit kleinem Fischerei- und Seeverkehrshafen zu bieten. Seeluft kann man dort schnuppern, Fisch direkt vom Kutter kaufen, der Arbeit auf den Bootswerften zusehen und mit dem Ausflugsdampfer nach Dänemark fahren.

Die dreischiffige spätgotische Hallenkirche *St. Nicolai* hat einen bemerkenswert ausgemalten (1578) Kastenchor. Die Innenausstattung glänzt mit zwei Werken der bedeutendsten Bildschnitzerfamilie des Landes: Der prachtvolle Altar im Stil des Knorpelbarock aus dem Jahre 1640 stammt von Hans Gudewerdt dem Jüngeren, die reich beschnitzte Kanzel (1605) von Hans Gudewerdt dem Älteren.

Eiderstedt ⑨. Die 40 Kilometer lange und zwölf Kilometer breite Halbinsel nördlich der Eider wuchs erst im Laufe der Zeit aus drei «Inseln» zusammen: aus Eiderstede mit dem Hauptort Tönning, Everschop mit Garding und Utholm mit Tating und dem Badeort St. Peter. Vom einstigen Reichtum Eiderstedts, der im siebzehnten und achtzehnten Jahrhundert vor allem vom Export von Agrarprodukten herrührte, künden heute noch die *Hauberge*, gewaltige Bauernhäuser. Unter einem riesigen Reetdach vereint, finden sich in ihnen Wohnräume, Ställe und Lagerräume, in denen die Bauern Getreide und «Heu bergen» konnten. Der größte und schönste von ihnen ist der *Rote Hauberg* südlich von Simonsberg, heute eine Gastwirtschaft mitsamt landwirtschaftlichem Museum.

Viele Häuser, ja ganze Ortschaften, stehen auf *Warften* (auch *Wurten* oder *Worten* genannt), künstlich «aufgeworfenen» Erdhügeln zum Schutz gegen eine Sturmflut. So ist denn auch die Ortschaft Witzwort kein Witz, sondern die Warft eines Mannes namens Witte.

An der Südwestspitze von Eiderstedt lockt der Badeort *St. Peter-Ording* mit seiner riesigen Sandbank, im Nordwesten der einsamere Westerheversand mit Deichvorland, Strand und einem pittoresken rot-weißen Leuchtturm.

Eutin ⑩. Um etwa 1300 hatte der Lübecker Bischof den ewigen Streit mit den stolzen Ratsfamilien der Stadt satt und verlegte seine Residenz nach Eutin, das seit 1256 Stadtrecht hatte. Nach der Reformation wurde das Bistum in ein weltliches Fürstentum umgewandelt und war seit 1586 im Besitz einer Nebenlinie des Gottorfer Herzoghauses. Die Fürstbischöfe von Eutin bauten sich ein Schloß, das zwischen 1717 und 1722 von dem schwedischen Baumeister Dallin zu einer dreigeschossigen barocken Vierflügelanlage umgestaltet wurde. Das Innere ist wegen seiner Ausstattung mit Möbeln, Gemälden und Deckenstuck besichtigenswert, ebenso der zum Schloß gehörige Landschaftspark.

1773 wurde Fürstbischof Friedrich August sogar Herzog von Oldenburg. Unter ihm und seinem Nachfolger galt Eutin als «Weimar des Nordens». Die Bezeichnung ist vielleicht ein bißchen hoch gegriffen, aber immerhin wirkten hier Herder als Prinzenerzieher,

Johann Heinrich Voß als Rektor der Lateinschule, Friedrich Leopold Graf von Stolberg als Hofbeamter. Der Maler Tischbein, von dem das bekannte Bildnis Goethes in Italien stammt, entwarf kostbare Öfen (Tischbeinöfen) für die Keramik-Manufaktur, Matthias Claudius («Der Mond ist aufgegangen») kam ebenso gern nach Eutin wie Klopstock.

Eutin mit seinen behäbigen Bürgerhäusern aus Backstein und Fachwerk atmet heute noch den Geist einer feudalen Beamtenstadt. Interessant in der spätromanischen *Michaeliskirche* ist neben barokken Epitaphien vor allem eine vor wenigen Jahren entdeckte Rokokobemalung.

Fehmarn ⑪. Die flache Ostseeinsel ist durch Landwirtschaft reich geworden. Daraus erklärt sich die verhältnismäßig reiche Ausstattung der mittelalterlichen Kirchen in den kleinen Städtchen. Der Hauptort Fehmarns ist *Burg*. Das dortige *Fehmarnsche Heimatmuseum* hat eine reiche heimat- und kulturgeschichtliche Sammlung.

Flensburg ⑫. Die nördlichste Großstadt der Bundesrepublik liegt am Ende der Flensburger Förde. Die etwa 1190 gegründete Stadt war von Anfang an ein Hafen- und Handelsplatz. Am bekanntesten wurde sie wohl als Hauptumschlagplatz für westindischen Rum. Über 90 Prozent des gesamten deutschen Rumexports wurden einst über Flensburg abgewickelt, und auch heute noch haben Marken wie «Hansen» oder «Pott» einen bekannten Namen.

Die Altstadt hat ihr Gesicht recht gut bewahrt, am schönsten wohl in dem Straßenzug *Holm – Große Straße – Norderstraße* und den von ihm abzweigenden Gängen und Kaufmannshöfen. An lauen Sommerabenden herrscht in der Fußgängerzone ein fast südliches Flair mit Straßencafés, Restaurants und gemütlichen Bierkneipen. Wenige Schritte entfernt beginnt der Hafen an der Straße *Schiffbrücke*. Hier ist die Seemannsromantik noch nicht ausgestorben.

Die Stadt ist voll von baugeschichtlich interessanten Architekturdenkmälern, darunter das *Kompanietor* aus den Jahren 1602 bis 1604 an der Schiffbrücke 12, ein ehemaliges Haus der Schifferkompanie und heutiges Hafenamt. Zu den Resten der alten Stadtbefestigung gehört das *Nordertor* (1595). Die beiden Kirchen St. Marien und St. Nikolai verfügen über eine reiche Innenausstattung.

Föhr ⑬. Anders als die Nachbarinsel Amrum, wo man ganz auf den Fremdenverkehr gesetzt hat, gibt es auf Föhr heute noch Landwirtschaft. Das reiche Marschland liefert gute Erträge. Trotzdem fuhr auch hier im 17. und 18. Jahrhundert ein Großteil der männlichen Bevölkerung zur See, meist auf holländischen und Hamburger Walfängern. Föhrer Seeleute und «Kommandeure» – so hießen die Walfangkapitäne – galten als besonders zuverlässig. Grabstelen und -platten auf den Friedhöfen von St. Johannis in Nieblum und St. Laurentii erinnern an sie.

Die *Nieblumer Johanniskirche*, ein kreuzförmiger, gewölbter Backsteinbau des 13. Jahrhunderts, ist die größte und bedeutendste Kirche der Insel. Besonders sehenswert darin eine romanische Granittaufe (etwa 1200) mit rätselhaften Löwenkampfdarstellungen. Im Ort stehen sehr schöne Beispiele typischer, reetgedeckter Friesenhäuser.

Friedrichstadt ⑭. 1621 war es, da beschloß Herzog Friedrich III. von Gottorf, dem reichen Hamburg Konkurrenz zu machen. Die ost-westlichen Handelswege, von Persien nach England, sollten nun nicht mehr über die Hansestadt, sondern über sein Territorium verlaufen. Eine Persianisch-Muskowitische Kompanie wurde ins Leben gerufen und nahe der Nordsee eine Stadt gegründet: Friedrichstadt. Das heißt, die ließ der sparsame Herzog von reichen Holländern gründen, von Glaubensflüchtlingen, denen er eine religiöse Freistatt bot. Und es kamen neben Remonstranten auch Mennoniten und Lutheraner, Katholiken und Juden. Aus der Überflügelung Hamburgs wurde dann zwar nichts, aber die Holländer legten an dem aufgestauten Flüßchen Treene Grachten an, pflasterten die Straßen mit kleinen Ziegeln, bauten Häuser mit reich verzierten Giebeln. Kurz, es entstand so etwas wie ein Klein-Amsterdam. Und da die Zeit an dem 3000-Seelen-Ort ziemlich spurlos vorübergegangen ist, glaubt sich der verdutzte Besucher dort noch heute in Holland.

Glücksburg ⑮. Die Residenz der Herzöge von Schleswig-Holstein-Glücksburg an der Flensburger Förde ist eines der Hauptwerke der Renaissance im Land. Das 1582 bis 1587 gebaute Schloß ist rings von Wasser umgeben, ein quadratischer, dreigeschossiger Baublock aus drei parallelen Giebelhäusern mit Satteldach. An den Ecken vier achteckige Türme.

Mit Ausnahme der herzöglichen Wohnräume ist das Schloß zu besichtigen. Die Einrichtung stammt größtenteils aus dem siebzehnten und achtzehnten Jahrhundert. Im Jahre 1717 wurde die Schloßkapelle, ein zweistöckiger Saal, barock umgestaltet und erhielt Hufeisenempore und Kanzelaltar.

Glückstadt ⑯. Ähnliche Pläne wie sein herzoglicher Verwandter in Friedrichstadt hegte der dänische König Christian IV. in der flachen Elbmarsch westlich von Hamburg: Der reichen Hansestadt sollte Konkurrenz gemacht werden. 1617, so geht die Sage, stampfte er mit dem Fuß in den Schlick und rief trotzig auf Plattdeutsch – der Sprache des damaligen Kopenhagener Hofes – aus: «Dat schall glücken und dat mutt glücken, und dann schall dat ook Glückstadt heten.» (Das soll gelingen und das muß gelingen [also glücken], und dann soll es auch Glückstadt heißen.)

Nach bewährtem Muster wurden Kolonisten ins Land gerufen, denen man eine religiöse Freistatt bot, unter ihnen viele spanisch-portugiesische Juden aus den Niederlanden. Da aber König Christian außerdem darauf bestand, sein neues Glückstadt zugleich zur Garnison zu machen, wurde es nie so recht etwas mit Handel und Wandel. Soldaten- und Kaufmannsgeist waren sich gegenseitig im Wege.

Noch heute läßt die Stadt den Plan der Gründung gut erkennen. Vom zentralen Marktplatz mit der frühbarocken Kirche und dem Neurenaissance-Rathaus gehen die Straßen sternförmig ab. Die repräsentative Straße *Am Fleth*, an der noch einige Adelspalais aus der Gründungszeit liegen, hat eine Gracht in der Mitte, im geschützten Elbhafen liegen Fischkutter, die den berühmten Glückstädter Matjeshering anlanden, Ausflugsdampfer und kleinere Frachtschiffe vervollständigen das Bild.

Halligen ⑰. Eine Welt für sich sind die Halligen, winzige Marschinseln im Wattenmeer. Keine Reste untergegangenen alten Landes, sondern Neubildungen nach den großen Sturmfluten des Mittelalters und der Neuzeit, vor allem der «Zweiten großen Mandränke» (Menschenertränkung) von 1634. Manche sind unbewohnt, auf anderen findet sich gerade ein Wohnhaus mit Stallgebäuden, die größten, wie Hooge und Langeneß, haben vier, fünf Warften, Erdhügel, auf denen sich die Gebäude drängen. Sie dienen zum Schutz gegen den «Blanken Hans», die Nordsee, die besonders zur Zeit der Frühjahrs- und Herbststürme des öfteren an den von keinem Deich beschützten Inselchen nagt. «Land unter» meldet man dann auf den Halligen, die Warften schwimmen wie Schiffe im Meer.

Erst nach der verheerenden Sturmflut von 1962 verstärkte man die Warften, baute sturmflutsichere Räume, brachte man Elektrizität und Wasser auf die Inseln. Bis dahin behalf man sich mit «Fethingen», Regenwasserfangbecken, und heizte mit «Ditten», getrocknetem und in handliche Stücke zerteiltem Rindermist. Auf vielen Warften stehen noch die schönen alten Friesenhäuser. In einem von ihnen auf Hooge ist der «Königspesel», ein besonders prachtvolles Beispiel friesischer Wohnkultur. Ausflugsfahrten zu den Halligen gehen meist vom Hafen Schlüttsiel aus.

Die kleine Stadt Friedrichstadt ist eine baugeschichtliche Kuriosität, denn hier glaubt man sich nicht nur nach Holland, sondern auch in eine andere Zeit versetzt. Grachten und holländischer Baustil sind dem Planungsdenken und der Freizügigkeit Herzog Friedrichs III. zu verdanken, der niederländischen Flüchtlingen hier Zuflucht gewährte.

Nächste Doppelseite: Fast schon ein Wahrzeichen von Schleswig-Holstein ist der 1907 erbaute Westerhever Leuchtturm. Sein Leuchtfeuer ist 21 Seemeilen weit zu sehen.

Das alte Helgoland.
Von links oben nach rechts unten:

Die Lästerallee (ca. 1890).
Der 1901 erbaute alte Leuchtturm mit der Signalstation (20er Jahre).
Blick von der Landungsbrücke auf den Südstrand und den Falm im Oberland, im Vordergrund die Börteflotte (1937).
Treppe und Aufzug (erbaut 1885) zur Hauptstraße des Oberlandes: dem Falm (ca. 1890).
Die Treppenstraße im Unterland (ca. 1890).
Eine junge Frau in Helgoländer Tracht mit einem «Tinner» (Hummerfangkorb) (ca. 1890).
Konzertpromenade vor dem Kurhaus (20er Jahre).
Helgoländer beim Kartenspiel (ca. 1890).

Nach einer des öfteren stürmischen Seefahrt erreicht man die Insel Helgoland, die durch ihre Felsenküste aus Buntsandstein eine touristische Attraktion ist. Die Insel läßt sich in einer Stunde umrunden und bietet auf ihrer Geschäftsmeile ein reiches Angebot an zollfreien Waren.

Helgoland ⑱. Auf der rotbraunen Felseninsel in der Nordsee, die erst seit 1890 zu Deutschland gehört (damals wurde sie im Tausch gegen Sansibar von den Engländern erworben), dichtete Hoffmann von Fallersleben 1841 das Deutschlandlied. 1935 wurde Helgoland militärisch ausgebaut. Noch am 18. April 1945 vernichtete ein britischer Bombenangriff den Ort Helgoland vollständig. Die deutsche Bevölkerung wurde von den Briten ausgewiesen, die Festungsanlagen gesprengt. Nach dem Krieg, seit 1947 und bis 1952, benutzte die englische Luftwaffe diese einzige deutsche Felsinsel als Übungsplatz für Bombenabwürfe.

Heute lebt die friesische Bevölkerung, die einst mehrheitlich mit Fischerei und Schmuggel ihren Lebensunterhalt verdiente, vor allem vom Tourismus. Die Insel ist Zollausland, Alkohol- und Tabaksteuer werden nicht erhoben. So haben Tagesausflüge von Cuxhaven und Büsum für die Besucher einen zusätzlichen Reiz. Der Schriftsteller James Krüss wurde auf der Insel Helgoland geboren, und er beklagt den Verlust ihrer Seele.

Husum ⑲. Theodor Storms «graue Stadt am Meer» ist das Zentrum Nordfrieslands; eine lebendige Handels- und Hafenstadt mit Reedereien, Werften, Fischverarbeitungsbetrieben. Die großen Viehmärkte, auf denen es zweimal im Jahr hoch herging in Husum – gehandelt wurden zur «Fettgräsung» in die Marschen geschickte Jungrinder, sogenanntes «Pensionsvieh» –, gehören leider der Vergangenheit an.

Rund um Hafen und Markt stehen in den engen, winkligen Straßen noch manch schöne alte Bürgerhäuser. Im Haus Wasserreihe 31 lebte von 1866 bis 1880 *Theodor Storm.* Heute beherbergt es ein dem Dichter gewidmetes *Museum* mit vielen Erinnerungsstücken, einer Bibliothek und einem Archiv. Vom ehemaligen *Schloß* der Gottorfer Herzöge ist unverändert nur das Torhaus erhalten, ein schöner Renaissancebau aus dem Jahre 1612. Einen Besuch lohnt das *Nissenhaus* in der Herzog-Adolf-Straße. Der Bau wurde in den zwanziger Jahren im Stil des norddeutschen Backsteinexpressionismus errichtet; darin ist heute das *Nordfriesische Museum* untergebracht. Besucher bekommen hier einen guten Überblick über die Besiedlungsgeschichte der Region, über Haustypen und über die Probleme des Küstenschutzes und der Landgewinnung.

Itzehoe ⑳. Die Industriestadt an der Stör geht auf eine Burg Karls des Großen zum Schutz gegen die Dänen aus dem Jahre 810 zurück. Sehenswert ist vor allem das ehemalige Zisterzienserinnenkloster, seit der Reformation und bis heute ein adeliges Damenstift; es stammt aus dem Jahre 1256.

Kiel ㉑. Schön im landläufigen Sinne ist die Landeshauptstadt gewiß nicht. Dazu ist die 1242 von dem Schauenburger Grafen Adolf IV., dem Holsteiner Landesherrn, auf einer Landzunge gegründete Stadt an der Förde einfach zu schnell und teilweise ungeplant gewachsen. Dieses Wachstum setzte nach der Reichsgründung 1871 ein, Kiel wurde Reichskriegshafen, die Marine beherrschte das Stadtbild. Die 1665 gegründete Christian-Albrecht-Universität, die erste des Landes, war nicht und ist nicht prägend für die Atmosphäre: Kiel, so geht der Spott, ist keine Universitätsstadt, sondern eine Stadt mit Universität.

Im Zweiten Weltkrieg wurde noch dazu fast die gesamte Altstadt zerstört, und die modernen Neubauten lassen meist wenig Respekt vor der Geschichte und den Erfordernissen qualitätvoller Stadtplanung erkennen.

Trotzdem, Kiel hat eine unverwechselbare und unvergleichliche Physiognomie. Das macht seine Lage am Ende der Förde. Wohl nirgendwo anders greifen Wasser und Hafen so unmittelbar ins Leben der Stadt ein. Man geht um eine Ecke, und ein haushohes Schiff ragt unvermittelt vor einem auf, der Bug öffnet sich klaffend wie ein gewaltiges Maul und speit Autos aus. Vom Ostufer der Förde, vom Ortsteil Gaarden, grüßen die riesigen Portalkräne der HDW-Werft herüber aufs bürgerliche, streckenweise bewaldete, leicht hügelige Westufer, ein phantastisches Stück Industrielandschaft. Der Hafen ist mitten in der Stadt, auf dem engen Wasser manövrieren vorsichtig die Fähren nach Dänemark, Schweden und Norwegen, dazwischen flitzen die Hafendampfer des öffentlichen Personennahverkehrs hin und her, üben Ruderer und Paddler, kreuzen kleine Jollen und dicke Jachten unter Segeln.

Gegenüber diesem Panorama verblaßt eigentlich alles andere, was Kiel zu bieten hat. Sicher, es gibt ein Drei-Sparten-Theater, eine Kunsthalle, ein paar Galerien, die Gemäldesammlung der Stiftung Pommern in dem einzigen noch erhaltenen Flügel des alten Schlosses. Alles solides Mittelmaß, mehr nicht.

Interessant und auf seine Weise einzigartig ist ein Besuch der Schleusenanlagen des Nord-Ostsee-Kanals, der hier endet.

Hinausfahren mit dem Hafendampfer – natürlich hat er einen Dieselmotor, aber in Kiel heißt er halt Dampfer – sollte der Besucher auch nach *Laboe* am Ausgang der Kieler Förde. Das dortige Marine-Ehrenmal, 1926 entworfen, 1936 in Anwesenheit des «Führers» eingeweiht, ein 65 Meter hoher Turm aus Granit und Klinker, soll nach dem Willen seines Erbauers an einen Schiffssteven oder auch an eine lodernde Flamme erinnern. Es will den Gedanken an die Gefallenen der Marine in zwei Weltkriegen wachhalten. Nach dem Geschmack vieler Kritiker tut es das freilich recht unkritisch und unangemessen pathetisch. Gedanken, die sich in der unterirdischen «Weihehalle» problemlos nachvollziehen lassen.

Lauenburg ㉒. Durch die alte Schifferstadt verlief einst die *Salzstraße* von Lüneburg nach Lübeck. Ein kleiner Kanal von der Elbe bis zur Trave, der *Stecknitzkanal*, sorgte im Mittelalter für den ständigen Nachschub des für die Lübecker Heringsfischerei so überaus wichtigen Rohstoffs aus der Lüneburger Saline. Der schmale Kanal, der nur Treideln erlaubte, ist längst verschwunden, seine Nachfolge hat der heutige Elbe-Lübeck-Kanal angetreten, der auch bei Lauenburg in die Elbe mündet. Die Stadt hat eine altertümliche und ganz zauberhafte *Unterstadt* am Elbufer und eine 50 Meter höher gelegene und durch Treppen mit ihr verbundene *Oberstadt.* Von alter Herrlichkeit zeugen in der Unterstadt die reich beschnitzten Fassaden der Häuser im niedersächsischen Fachwerkstil aus dem 16. und 17. Jahrhundert.

Lübeck ㉓. Eigentlich gehört Lübeck gar nicht zu Schleswig-Holstein, erst das nationalsozialistische Groß-Hamburg-Gesetz aus dem Jahre 1937 schlug es der damaligen preußischen Provinz gegen den Willen von «Bürgerschaft» und «Senat» zu. Jahrhundertelang hatte man dem Land zwischen den Meeren, ging es nicht gerade um städtische Besitzungen, hochnäsig den Rücken gekehrt. Die Gründung des mächtigen Sachsenherzogs Heinrich des Löwen (1158/59) auf einer ovalen, sanft ansteigenden Halbinsel zwischen Trave und Wakenitz war schließlich seit 1226 *Freie Reichsstadt*, nach Köln die größte deutsche Stadt des Mittelalters. Das «Lübsche Recht» diente als Vorbild für über einhundert Stadtneugründungen im Zuge der Ostkolonisation. Die «Königin der Hanse», des mächtigen Städte- und Handelsbundes, kontrollierte fast den gesamten Warenverkehr von Norwegen, Schweden, Polen, dem Baltikum und Rußland in den europäischen Westen. Die Stadt, ein Staat im kleinen, schloß Verträge mit anderen Ländern, sie führte Krieg, ihre Kaufleute waren von Bordeaux bis Bergen, von London bis Nowgorod zu Hause. Erst mit dem Erstarken der Nationalstaaten und der wachsenden Bedeutung des atlantischen Handels, der Lübeck in eine Randstellung brachte, verlor die Stadt ihre Macht, ihre Größe und ihren Reichtum.

Die alte Hansestadt ist längst über ihre ehemaligen Mauern hinausgewachsen, aber der Kern auf der Traveinsel bewahrt trotz großer Zerstörungen im Zweiten Weltkrieg noch getreulich sein mittelalterliches Stadtbild, eines der bedeutendsten architektonischen Ensembles Deutschlands.

Zwei Hauptstraßenzüge laufen von Norden nach Süden, Querstraßen führen im Westen zur Trave, im Osten zur Wakenitz hinunter. Zwischen ihnen vermitteln schmale Nebengassen, in die Baublocks führen *Gänge* hinein. Als im Laufe des späteren Mittelalters das Bauland in Lübeck knapp wurde, erschlossen die reicheren Bürger das Innere dieser Blockbebauung, legten *Höfe* an und errichteten *Buden*, schmale, höchstens zweistöckige Häuser. Ein Großteil dieser Buden und Gänge und Höfe ist heute noch erhalten, spätmittelalterliche Bausubstanz steckt in vielen von ihnen. In den sechziger Jahren schien das Schicksal dieser meist recht baufälligen kleinen Häuser besiegelt, man sprach von Flächensanierung. Gegen diese Kahlschlagpläne richtete sich glücklicherweise Widerstand, Renovierung und Restaurierung traten an ihre Stelle; zum Teil mit ungewöhnlichen Mitteln wie der fast kostenlosen Überlassung der Häuser an junge Familien unter der Auflage, sie innerhalb von zehn Jahren zu renovieren. Heute erwecken die Höfe und Buden staunende Bewunderungsrufe und den leisen Neid der Besucher, die von einer abgeschiedenen, ruhigen und idyllischen Wohnlage mitten in einer Großstadt meist nur träumen können.

Eine Besichtigung Lübecks braucht seine Zeit, die Stadt ist einfach überreich an Architektur- und Kunstdenkmälern, Zeugen des ehemaligen Wohlstands, des Bürgerstolzes und des Bürgersinns seiner Bewohner. Deswegen folgen hier nur ein paar «Highlights». Zwei der alten Stadttore sind noch erhalten. Im Norden das *Burgtor* mit angrenzendem ehemaligem Benediktinerkloster, und im Südwesten das wuchtige *Holstentor* in dem heute die stadtgeschichtliche Sammlung untergebracht ist. Wer es sieht, erkennt es. Kein Wunder, ziert es doch die 50-Mark-Scheine.

Im Süden liegt der Dombezirk. Der im Krieg schwer beschädigte, inzwischen aber vollständig restaurierte *Dom* ist eine Gründung Heinrichs des Löwen; neben den Domen von Schwerin und Ratzeburg, die auch auf den mächtigen Sachsenherzog und Rivalen des Kaisers zurückgehen, der erste Backsteingroßbau in Deutschland. Heute präsentiert er sich nach einem mittelalterlichen Umbau als dreischiffige gotische Hallenkirche. In Konkurrenz zu ihm entstand am Markt die *Marienkirche*, die Kirche des ebenso macht- wie selbstbewußten Rates. Die dreischiffige Basilika ist die wohl überzeugendste Übersetzung der französischen Kathedralgotik in die Sprache des Backsteins mit seinen kantigen, wuchtigen, ja monumentalen Formen, dem warmen Rot, dem Spiel der Farbtöne. Gleichfalls am Markt das mehrmals umgebaute und erweiterte mittelalterliche *Rathaus*, das auch als Versammlungsort für die *Hansetage*, die Versammlungen der Delegierten von über siebzig Hansestädten, diente.

Am *Koberg*, dem Nebenmarktplatz im Norden, ist noch das gotische *Heilig-Geist-Hospital* erhalten, ein Armen- und Altenheim. Ähnlichen Zwecken dienten Stiftungen reicher Bürger: Zwei der schönsten sind *Füchtings Hof* und *Glandorps Hof*, beide in der Glokkengießerstraße. Die frommen Stiftungen sind hervorragend renoviert und dienen immer noch als Altersheime.

Eine von Deutschlands schönsten Sammlungen mittelalterlicher Kunst beherbergt das *St.-Annen-Museum*, ein ehemaliges Nonnenkloster aus dem Anfang des 16. Jahrhunderts. Herausragend ein Altar des Niederländers Hans Memling, eine St.-Jürgen-Gruppe von Henning von der Heide und verschiedene sehr qualitätvolle Steinskulpturen aus Lübecker Kirchen aus der Zeit um 1400, die frankoflämischen Einfluß zeigen, vielleicht sogar aus diesem Raum von reichen Bürgern importiert wurden.

Auch *Jacobi-* und *Katharinen-* und die zum Museum umgebaute *Petrikirche* lohnen den Besuch, literarisch Interessierte schauen sich das *Buddenbrookhaus* in der Mengstraße an, in dem Heinrich und Thomas Mann als Söhne eines Lübecker Kaufmanns und Senators geboren wurden. Für den Abend lockt ein Besuch des *Lübecker Marionettentheaters* in Lübecks engster Straße, dem «Kolk».

Eines der kostbarsten Bauwerke der Backsteingotik in Lübeck: das 1535 erbaute Haus der Schiffergesellschaft.

Nächste Doppelseite: In Beidenfleth kann man mit dieser kleinen Autofähre über die Stör setzen und nach Bahrenfleth weiterfahren. Einige Kilometer weiter südlich mündet der Fluß bei Glückstadt in die Elbe.

F

Durch die Altstadt von Schleswig gelangt man zum Holm, was soviel wie «Insel» bedeutet. Hier haben schon immer Fischer gewohnt und sich ein eigenes Dorf, das heute in der Stadt liegt, geschaffen. Die kleinen weißgetünchten Häuser stammen zumeist aus dem 18. Jahrhundert.

In der Altstadt von Flensburg, das Ende des 12. Jahrhunderts als Hafen- und Handelsplatz gegründet wurde.

Im Zentrum der lebendigen Hafenstadt Husum ist noch manch guterhaltenes altes Bürgerhaus zu sehen.

Ein entspannter Promenaden-Bummel: In Wyk, dem Hauptort der nordfriesischen Insel Föhr.

Die Rendsburger Hochbrücke, die größte ihrer Art in Europa, führt in Rendsburg über den Nord-Ostsee-Kanal. Sie wurde zwischen 1910 und 1913 errichtet und überspannt den Kanal in 42 Meter Höhe. Ihre Besonderheit ist eine Schwebefähre für den Transport von Autos und Personen.

Meldorf ㉔. Der Stolz des kleinen Dithmarscher Land- und Marktstädtchens ist der *Dom der Dithmarscher.* Zwar war er nie eine Bischofskirche, wie der Name suggeriert, aber lassen wir der dreischiffigen frühgotischen Basilika mit den kuppeligen Gewölben diesen Namen. Im Innern lohnen ein Schnitzaltar aus dem Jahre 1520 und hölzerne, reich geschnitzte Renaissance-Chorgitter (1603) den Besuch.

Einen Einblick in die ehemalige politische Bedeutung des Landes und seiner Hauptstadt Meldorf bekommt man im *Dithmarscher Landesmuseum.* Die Museumswerkstätten sind in einem ehemaligen Pastorat, einem Fachwerkhaus mit reicher Dekoration, untergebracht. Hier werden Textilien nach alten Vorlagen gewebt. Das neue *Landwirtschaftsmuseum* zieht nicht nur bäuerliche Besucher aus der Umgebung an.

Mölln ㉕. In Mölln ist angeblich Till Eulenspiegel gestorben und zwar 1350 an der Pest – sein vermeintlicher Grabstein stammt aber aus dem 16. Jahrhundert –, und deshalb gibt es am Markt auch einen Till-Eulenspiegel-Brunnen. Außerdem eine Plakette für den Ehrenbürger der Stadt, den irischen Spötter George Bernard Shaw. Interessanter ist die *Basilika St. Nicolai* mit schönem Renaissancegestühl und vor allem der 1550 errichtete und vor kurzem glänzend restaurierte *Hof des Lübecker Stadthauptmanns.* Der Hansestadt hatten die Lauenburger Herzöge ihr Städtchen Mölln jahrhundertelang verpfändet. Heute dient das Gebäude Ausstellungen und als Sitz der «Lauenburger Akademie». Auch ein Blick auf und in das Rathaus (aus Backstein, mit Staffelgiebel und Gerichtslaube aus dem Jahre 1475) lohnt sich.

Neustadt i. H. ㉖. Wie Kiel ist die Stadt an der Ostsee eine Gründung des Schauenburger Grafen Adolf IV. Ihr Grundriß ist so gut wie unversehrt erhalten geblieben: Marktplatz in der Mitte, Kirche – eine dreischiffige gotische Stutzbasilika, ein Hauptbau dieses Typs im Lande – daneben, rechtwinklig davon abgehendes Straßennetz. Das *Kremper Tor* ist das einzige außerhalb Lübecks erhaltene mittelalterliche Stadttor in Schleswig-Holstein.

Das kleine Hafen- und Fischerstädtchen wirkt mit seinen Bürgerhäusern, einem alten Speicher am Wasser und einem der wenigen klassizistischen Rathausbauten des Landes gemütlich und anheimelnd.

Eine ganz stilrein erhaltene und glänzend restaurierte romanische *Backsteinkirche* steht wenige Kilometer weiter westlich, in *Altenkrempe.* Die Landarbeiterkaten entlang der Hauptstraße zeigen, daß wir uns in einem Kerngebiet der ostholsteinischen Gutslandschaft (→ Besonderheiten in Schleswig-Holstein) befinden.

Oldenburg ㉗. Oldenburg war schon im frühen Mittelalter – damals hieß es Stargard – ein wichtiger Handelsort der slawischen Bevölkerung. Im zehnten Jahrhundert entstand hier ein Missionsbistum, das Heinrich der Löwe 1163 nach Lübeck verlegte. Die Stadt ist sehenswert wegen einiger sehr schöner Bürgerhäuser.

Plön ㉘. Im Jahre 1564 erhielt ein jüngerer Bruder des regierenden Gottorfer Herzogs ein paar Landstückchen in Dänemark und in Holstein und nannte sich nun stolz Herzog von Schleswig-Holstein-Sonderburg-Plön. Das winzige Herzogtum, schreibt ein Historiker, war «eine der feinsten Blüten, die der fürstliche Absolutismus in Schleswig-Holstein getrieben hatte». Das von Herzog Joachim Ernst 1635–1636 errichtete *Schloß,* wunderschön auf einer Anhöhe über dem Großen Plöner See gelegen, ist eine manieristische Dreiflügelanlage. Auf dem Schloß, das 1761 zusammen mit dem Miniaturherzogtum an den dänischen König gefallen war, wurde 1846 Geschichte geschrieben. Christian VIII. verfaßte hier seinen «Offenen Brief», in dem er das dänische Erbfolgegesetz auf die Herzogtümer ausdehnte. Dieser nicht sehr weise Schritt führte zur schleswig-holsteinischen Erhebung, später dann zum Krieg des Deutschen Bundes gegen Dänemark und letztlich zur Annexion Schleswig-Holsteins durch Preußen, das hier prompt eine Kadettenanstalt eröffnete. Seit 1918 dient diese als Internat.

Zum Schloß gehört eine weitläufige Gartenanlage im englischen Stil mit Marstall und Reithaus. Das *Prinzenhaus* (1745/50) ist eines der Hauptwerke des Rokoko im Lande – eines allerdings etwas trokkenen und reduzierten Rokoko.

Preetz mit Probstei ㉙. In der slawischen Gründung («pro rzece» heißt «am Fluß») an der Schwentine wurde nach 1150 ein Kloster angelegt, dem bald ausgedehnte Ländereien gehörten. «Unter dem Krummstab ist gut leben», hieß es unter den Bauern der *Probstei,* der Landschaft zwischen Preetz und der Ostsee. Die Klosterpröpste nämlich verlangten zwar Abgaben, zwangen die Bauern aber nie in die für Ostholstein so typische Gutsuntertänigkeit; die blieben deshalb persönlich frei und bauten sich ihre stattlichen Höfe, die zum Teil heute noch das Bild der Landschaft prägen.

Das alte Kloster gelangte nach der Reformation in den Besitz der schleswig-holsteinischen Ritterschaft, einer Korporation der uradeligen Familien, die fast alle noch aus der Zeit der ersten Kolonisation Ostholsteins stammen. Auch heutzutage ist immer ein Rantzau, ein Reventlow, ein Buchwald Propst dieser Versorgungsinstitution für ledige Töchter des Adels. Das Klostergelände an der Schwentine ist immer noch ein Ort der Abgeschiedenheit, der Ruhe und des Friedens. Durch ein *Torhaus* aus dem Jahre 1727 gelangt man auf den Klosterhof. Unter hohen Bäumen liegen die meist aus dem Barock stammenden Häuser der Klosterdamen, die Kirche, eine landestypische *Stutzbasilika* mit drei verschieden hohen Schiffen unter einem Dach, bewahrt bedeutende Kunstwerke wie einen Altar und Altarschranken im Knorpelbarockstil von Hans Gudewerdt d. J.

In der Stadt sind noch ein paar prachtvolle Fachwerkhäuser erhalten, die *Stadtkirche* wurde von Dallin, dem bevorzugten Architekten des Holsteiner Adels und Eutiner Landbaumeister 1726 umgestaltet. Das Innere zeigt, obwohl verändert, eine spätbarocke Ausstattung mit bretterner Flachbogentonne, hölzernen Logen und Empore.

Ratzeburg ㉚. Der Hauptort des Kreises «Herzogtum Lauenburg» liegt auf einer Insel im Ratzeburger See. Auf dem Friedhof der Stadtkirche ist der Bildhauer und Dichter Ernst Barlach begraben. Seine Grabstätte bewacht eines seiner populärsten Werke, «Der singende Klosterschüler». In der *Ernst-Barlach-Gedenkstätte* werden weitere Werke des Künstlers gezeigt.

Vor allem aber wird man wegen des *Doms* nach Ratzeburg fahren. Der auf einer Landspitze gelegene Dombezirk gehört heute noch, Folge außerordentlich verwickelter Geschichte, zur mecklenburgischen Landeskirche. Der *Dom* ist, wie die etwa gleichzeitig entstandenen Bischofssitze in Lübeck, Braunschweig und Schwerin, eine Stiftung Heinrichs des Löwen. Ein Abguß des *Braunschweiger Löwen,* der bedeutendsten Tiergroßplastik des Mittelalters, steht auf dem Friedhof. Der um 1160 begonnene *Dom* ist das Hauptwerk der Romanik im Lande, eine kreuzförmige, dreischiffige, gewölbte Pfeilerbasilika des gebundenen Systems. Der fast völlig stilrein erhaltene Bau aus rotem und gelbem Backstein zeigt alle Merkmale dieses Typus: Das Quadrat der Vierung gilt als Maß für Chorquadrat und Langhausjoche, von denen jeweils eines von zwei – ebenfalls annähernd quadratischen – Seitenschiffsjochen auf jeder Seite begleitet wird. Eine durch und durch rationale, dabei ästhetisch überzeugende Konzeption.

Reinbek ㉛. Wer nicht gerade bei dem hier ansässigen Rowohlt Verlag zu tun hat, besucht die Stadt vor den Toren Hamburgs wohl nur wegen des *Schlosses,* das sich Herzog Adolf um 1570 im Stil der niederländischen Renaissance erbauen ließ: als unregelmäßige Dreiflügelanlage mit Ehrenhof und Treppenturm aus Backstein mit waage-

An der Südspitze der Insel Sylt befindet sich auf der Halbinsel Hörnum ein Fischer- und Linienverkehrshafen, von dem aus Fähren nach Helgoland, Föhr, Amrum und zu den Halligen abfahren.

rechten Sandsteinbändern («Specklagen»), mit einem Bogengang mit toskanischen Sandsteinsäulen und mit großen Kreuzstockfenstern. Das Schloß, in dem heute Ausstellungen und andere kulturelle Veranstaltungen stattfinden, wurde in den letzten Jahren einer außerordentlich gründlichen Restaurierung unterzogen. Fragt sich, ob das Landesamt für Denkmalpflege nicht zuviel des Guten getan hat, als es die meisten späteren Zutaten beseitigte und einen Zustand herstellte, in dem das gewiß sehr schöne Schloß nie zu bewundern war.

Rendsburg ㉜. Den Charakter einer Festungsstadt als Grenzsicherung gegen das Königreich Dänemark zeigt die Stadt am Nord-Ostsee-Kanal teilweise auch heute noch. Vor allem im Stadtteil Neuwerk mit dem *Paradeplatz* fallen der radiale Grundriß, die «preußische» Bauweise auf.

In der Altstadt auf einer ehemaligen Eiderinsel lohnt die gotische *Marienkirche* mit schönen Gewölbemalereien den Besuch. Die *Christkirche* ist einer der im Lande seltenen Zentralbauten mit vier annähernd gleich langen Kreuzarmen.

Die einschließlich Rampen 7,5 Kilometer lange *Hochbrücke* über den Nord-Ostsee-Kanal ist ein eleganter Eisengitterbau aus den Jahren 1911–1913.

Schleswig ㉝. Irgendwann im elften Jahrhundert verlegten die Kaufleute der Wikingersiedlung *Haithabu* ihren Standort in die leichter zu schützende «Wik» am inneren Ende der Schlei. Ein wichtiger Handelsort entstand an der Stelle, wo nur wenige Kilometer Landweg die Schlei von der schiffbaren Treene trennten; von dort konnten die Waren wiederum mit dem Schiff über die Eider zur Nordsee und weiter nach Holland, Frankreich und England transportiert werden. Mit dem Aufstieg Lübecks zur beherrschenden Macht des Ostseeraums war es vorbei mit der Blüte des Handels, die meisten Kaufleute zogen wohl in die Hansestadt.

Dafür war Schleswig Bischofssitz und kirchliches Zentrum des gesamten nach ihm benannten dänischen Herzogtums. Der um etwa 1100 begonnene *Dom* hat eine ziemlich komplizierte Baugeschichte. Zuerst fing man an, in Granit zu bauen, dann nach dem Vorbild des Doms zu Ribe in rheinischem Tuffstein, schließlich ging man zum landesüblichen Material über, zum Backstein. Im Inneren ziehen vor allem zwei Bildwerke von Hans Brüggemann die Blicke auf sich: ein riesenhafter (4,40 Meter) *Christophorus* aus Eiche (um 1510/15) und der zwischen 1514 und 1521 für das Kloster in Bordesholm geschaffene *Bordesholmer Altar.* Mit diesem figurenreichen und wohl nach Dürers «Kleiner Passion» gestalteten Schnitzaltar erweist sich Brüggemann als einer der großen Meister in der Zeit des Übergangs von der Gotik zur Renaissance, vergleichbar durchaus einem Tilman Riemenschneider und einem Veit Stoß.

Die spätgotischen Malereien des Kreuzgangs, des «Schwahl», zeigen ein Kuriosum: Truthähne. Auf Grund dieser – später als Schöpfungen eines Restaurators erkannter – Darstellungen eines Tieres, das aus Amerika stammt, glaubten Nazi-Historiker, deutschen Seefahrern gebühre der Preis für die Entdeckung der Neuen Welt. «Truthahn entthront Kolumbus» leitartikelte eine Berliner Zeitung.

Schloß Gottorf, der bedeutendste Schloßbau im Lande, war bis 1713 die Residenz der Herzöge von Holstein-Gottorf. Heute ist in der Vierflügelanlage, in der noch Reste aus der Zeit der Gotik stecken und die mit einer barocken Schaufassade Eindruck macht, das Schleswig-Holsteinische Landesmuseum untergebracht (→ «Museen und Galerien» Seite 151).

In der verwinkelten Altstadt stehen noch viele Häuser aus der Zeit der herzoglichen Herrlichkeit. Der *Holm* ist ein ganz eigener, für sich lebender Teil der Stadt, eine alte Schleifischersiedlung am Wasser. Die kleinen Häuser, großenteils aus dem 18. Jahrhundert, stehen rings um den Friedhof mit der kleinen Kapelle.

Im kleinen Eiderhafen von Tönning liegen heute nur noch ein paar Krabbenkutter. Einst war er ein blühender Handelshafen, der durch den Bau des Nord-Ostsee-Kanals jedoch seine Bedeutung verlor. Malerisch ist die kleine Marschenstadt geblieben.

Südlich vor der Stadt, nahe dem Ort *Haddeby*, lag das alte *Haithabu*, mehr als zwei Jahrhunderte lang eine der bedeutendsten Handelsstädte des gesamten europäischen Nordens. Vom Ringwall um die Stadt am *Haddebyer Noor*, einem von der Schlei fast gänzlich abgeschnürten Gewässer, hat man einen guten Überblick über die Anlage. Das *Wikingermuseum* auf dem Gelände zeigt Funde aus der Zeit der Blüte Haithabus. Von hier aus führt ein schöner Spaziergang entlang am *Danewerk*, einer mittelalterlichen Befestigungsanlage zum Schutz des Dänenreiches gegen die Deutschen.

Sylt ㉞. Die bekannteste deutsche Nordseeinsel ist mehr als das bevorzugte Ferienziel der Schönen und Reichen. Sicher, in *Westerland* herrscht ein Rummel wie auf dem Berliner Ku-Damm, in *Kampen* ist der Geldadel der Republik in protzigen Nachbauten von einheimischen Reetdachhäusern unter sich, im alten Kapitänsdorf *Keitum* – auch Sylt hatte teil am «Goldenen Zeitalter der nordfriesischen Seefahrt» – sind die wundervollen Friesenhäuser mitunter gar zu schick herausgeputzt.

Aber die Insel bietet vor allem dem Naturfreund immer noch Landschaftseindrücke, wie er sie nirgendwo anders findet. Da ist das *Listland* im Norden mit seiner Heide-, Strand- und Dünenlandschaft, mit den riesigen Wanderdünen, in denen man sich wie in der Sahara vorkommt. Da ist das *Rote Kliff* an der Westseite zur See hin, an dem unablässig die Nordsee nagt, wo jeden Winter Land im Meer verschwindet. Land, das man hofft, durch enorm teure Sandvorspülungen irgendwie zu halten. Im Süden lädt die immer schmaler werdende *Hörnum Odde*, eine im höchsten Maße von der See bedrohte Sand- und Dünenlandschaft, zu ausgedehnten Spaziergängen ein. Das *Morsumkliff* am Watt, der Ostseite der Insel, ist eine geologische Rarität, voller Versteinerungen aus der Braunkohlenzeit und phantastisch geformter, fragiler Gebilde aus dem mit Eisenoxyd durchsetzten Sand.

Tönning ㉟. Die Kleinstadt an der Eider soll an der Stelle gegründet worden sein, an der ein Schwan, der sich an eine Tonne klammerte, während einer Sturmflut auf etwas höher gelegenes Land trieb. Der 1613 in der heutigen Form angelegte, winkelförmig von der Eider abzweigende Hafen läßt erahnen, daß das idyllische Tönning einmal ein reicher Handelsort war, dessen Schiffe bis nach Frankreich fuhren. Bedeutung hatte Tönning vor allem als Ausfuhrhafen für die landwirtschaftlichen Produkte von → *Eiderstedt.*

Am Hafen sind noch einige schöne Häuser aus Tönnings Blütezeit erhalten, darunter ein riesiges *Packhaus*, in dem Kaufleute die Güter lagerten, die auf dem Schleswig-Holstein-Kanal, dem Vorläufer des Nord-Ostsee-Kanals, befördert wurden.

In der barocken Kirche von Tönning steht ein Epitaph des Malers Jürgen Ovens, eines Schülers und später durchaus erfolgreichen Rivalen Rembrandts.

… noch einiges Wichtige über Schleswig-Holstein

Museen und Galerien. Das bedeutendste Museum des Landes ist das *Schleswig-Holsteinische Landesmuseum* im Schloß Gottorf bei → Schleswig. Die Sammlungen geben einen umfassenden Überblick über die Kunst- und Kulturgeschichte durch die Jahrhunderte. Gleichfalls in Schloß Gottorf ist das *Landesmuseum für Vor- und Frühgeschichte* untergebracht. Glanzstücke der Sammlung sind die gruseligen *Moorleichen* und das *Nydamboot*, ein 23 Meter langes Ruderboot aus dem vierten Jahrhundert.

Die Kieler *Kunsthalle* (→ Kiel) zeigt neben Bildern einheimischer Maler eine Auswahl der russischen Kunst des 19. Jahrhunderts. Im *Rantzaubau* des *Kieler Schlosses* ist die *Sammlung Pommern* mit Teilen der Bestände des ehemaligen Museums in Stettin untergebracht.

Eine schleswig-holsteinische Besonderheit sind die vielen Herrenhäuser und Gutsanlagen. Hier das Herrenhaus des Gutes Ehmkendorf, das zwischen 1791 und 1795 errichtet wurde, (oben) und das Schloß von Panker östlich des Selenter Sees (unten).

Das in Ostholstein gelegene Güldenstein ist ein architektonisch ausgewogener, schlichter Herrensitz im Landhausstil.

Schloß Ahrensburg wurde um 1595 nach dem Vorbild des Glücksburger Schlosses erbaut. Der Mecklenburger Kaufmann Schimmelmann erwarb den Renaissancebau 1759 und ließ ihn im klassizistischen Stil ausbauen. Heute befindet sich im Schloß ein Museum.

In Burg auf der Insel Fehmarn ist in einem restaurierten Fachwerkhaus ein Heimatmuseum untergebracht, in dem man über die Kultur der Bauerninsel und ihre eigene kleine Welt informiert wird.

Glanzstücke sind Bilder von *Caspar David Friedrich*, der *deutschen Impressionisten* und das Porträt eines Bürgers von *Frans Hals*.

Das *St.-Annen-Museum* in → *Lübeck* gehört zu den bedeutendsten Mittelaltermuseen Deutschlands. Eine Besonderheit und eine Reise wert ist das Haus, das sich der expressionistische Maler *Emil Nolde* im nordfriesischen Seebüll, nahe der dänischen Grenze, baute. Es ist heute ein seinem Werk gewidmetes Museum. Die *Ungemalten Bilder*, winzige, intensiv leuchtende Aquarelle aus der Zeit des Malverbots unter den Nazis, beeindrucken besonders.

In den meisten Kreisstädten und vielen anderen Orten gibt es *Heimatmuseen*. Und *Galerien* sind überall im Lande wie die Pilze aus dem Boden geschossen. Einen guten Namen unter Kunstfreunden haben die *Galerie Sfeir-Semler* in Kiel, die *Galerie im Bootshaus* in Eckernförde und die idyllisch gelegene *Galerie im Torhaus* des Gutes Panker, nahe der Stadt Lütjenburg in Ostholstein.

Herrenhäuser. Eine Besonderheit Schleswig-Holsteins sind die vielen *Herrenhäuser* mit den dazugehörigen Gutshöfen. Sie sind meist im Besitz der Angehörigen des heimischen Uradels, der Rantzaus und Buchwalds und Reventlows und wie sie alle heißen. Diese Familien, die «originarii», waren seit dem zwölften Jahrhundert die Träger der «Ostkolonisation» im Wendenland zwischen Kieler Förde und Elbe, wo sie sich ihre später zu Wohnanlagen umgewandelten Wasserburgen bauten. In den Kreisen Plön, Ostholstein und auch im erst seit dem vorigen Jahrhundert schleswig-holsteinischen Herzogtum Lauenburg findet sich deshalb die Mehrzahl dieser Zeugen feudaler Gutswirtschaft. Weil diese Wirtschaftsform vor allem im 18. Jahrhundert gute Erträge abwarf, zeigen die meisten Anlagen die typischen Merkmale des ländlichen Barock: prächtiges, repräsentatives Wohnhaus mit Wappen und Freitreppe, davor ein von *Kavaliershäusern* flankierter *Ehrenhof*, davor wieder, streng axialsymmetrisch angeordnet, die riesige *Scheune* und das ebenso große *Kuhhaus*. Häufig sind noch Reste mittelalterlicher Grabensysteme zu erkennen. Als Abschluß nach außen ein niedriges, meist breitgelagertes *Torhaus*. Zu den schönsten Anlagen gehören *Emkendorf* zwischen Kiel und Rendsburg, *Wahlstorf* und *Rastorf* bei Preetz und *Güldenstein* in der Nähe von Lensahn in Ostholstein.

Festivals und Feste. Weit über die Grenzen Schleswig-Holsteins, ja Deutschlands hinaus bekannt geworden ist das *Schleswig-Holstein Musikfestival*, eine mehrwöchige, flächendeckende Großveranstaltung, auf der international bekannte Musiker und Orchester in Scheunen und Gutshöfen, Kirchen und Mehrzweckhallen, Konzertsälen und Sporthallen spielen.

Im Herbst 1991 ging es in Kiel mit der *Ars Baltica* los, einem Lieblingsprojekt von Ministerpräsident Engholm, der mit ihr den Hansegedanken neu beleben möchte. Die geplante Biennale der Gegenwartskunst in den Ostseeanrainerstaaten soll den kulturellen Austausch fördern.

Volksfestcharakter hat das *Ringreiten*. Der bäuerliche Sport, der in den Sommermonaten überall im Lande betrieben wird, ist letztlich ein Relikt ritterlicher Reiterspiele, ein Beispiel für das «abgesunkene Kulturgut» der Volkskundler. Reiter verschiedener Mannschaften versuchen, mit Lanzen oder «Stechern», pistolenförmigen Drahtstücken, einen zwischen zwei Pfosten aufgehängten Ring zu treffen und aus seiner Halterung zu ziehen. Wer die meisten Ringe getroffen hat, wird «König».

Seltsam geht es zu beim Wettkampf im *Hähnekrähen*, der vor allem im Kreis Plön betrieben wird. Kampfrichter sitzen neben den Käfigen mit den Gockeln und notieren unbestechlich die Anzahl der Kikerikis in einer Stunde. Vor den Treffen werden manche Tiere Tag und Nacht bewacht, weil ruchlose Neider sonst einem möglichen Champion den Hals umdrehen könnten.

Sprachen. In Schleswig-Holstein werden vier einheimische Sprachen gesprochen. Das ursprüngliche *Plattdeutsch*, kein Dialekt, sondern eine eigenständige Sprache, die die hochdeutsche Lautverschiebung nicht mitgemacht hat, ist überall auf dem Rückzug vor dem *Hochdeutschen*. Auf dem Lande wird es – allerdings vorwiegend von den älteren Leuten – auch heute noch viel gesprochen. *Dänisch* ist die Sprache einer kulturell sich zu Dänemark bekennenden Minderheit mit eigener Zeitung, eigenen Schulen und Kindergärten im Grenzraum. *Nordfriesisch* schließlich, eine mit dem Englischen und dem Westfriesischen in Holland enger als mit dem Deutschen verwandte Sprache, wird nur noch von einer kleinen Zahl der Nordfrie-

sen gesprochen. Zu den Problemen der Sprache gehört, daß sie sich in nicht weniger als sieben, zum Teil allerdings schon ausgestorbene Dialekte auffächert, die untereinander nur schwer verständlich sind. Auf → Föhr und → Amrum scheint das Überleben des Nordfriesischen gesichert zu sein, vor allem weil viele Einheimische ihre alte Sprache als Schutzdeich gegen die Überflutung durch die Touristenkultur ansehen.

Essen und Trinken. Die schleswig-holsteinische Küche zeichnet sich weniger durch Raffiniertheit als durch die Zubereitung derber Hausmannskost aus. Trotzdem, eine kulinarische Wüste ist das Land längst nicht mehr. Vorzüglich und frisch sind vor allem die Fisch- und Krabbengerichte in den Restaurants an der Küste. Krabben sind keine Krabben, sondern Garnelen, kleine Schwestern der Scampi und Gambas. In Nordfriesland heißen sie Porren. Besonders beliebt: *Gebratene Scholle*, hier *Goldbutt* genannt, *Räucheraal* und *Büsumer Krabbensuppe.*

In Dithmarschen findet man manchmal den *Großen Hans* oder *Mehlbüdel* auf der Speisekarte, einen riesigen Mehlkloß, zu dem es «Speck und Plümm» (Backpflaumen) gibt.

Im Winter serviert so gut wie jedes Restaurant *Grünkohl.* Zu dem stundenlang in Fett gekochten Gemüse gehören geräucherte Schweinebacke, Kassler, Kochwurst und mit Zucker glasierte, kleine runde Röstkartoffeln.

Als Nachspeise sollte der Gast gar nicht erst etwas anderes als *Rote Grütze* mit Sahne oder Vanillesauce versuchen. Die leicht angedickte Fruchtspeise («Roode Grütt») aus Johannis-, Erd- und Himbeeren ist eine ausgesprochene Köstlichkeit.

Register

Kursive Ziffern verweisen auf Abbildungen

Personenregister

Abraham a Sancta Clara *29*
Adolf II. von Holstein, Graf 28
Adolf IV. von Schauenburg, Graf 141, 149
Ahlefeldt, Hans von 16
Al-Tartushi, arab. Kaufmann 25
Anna von Gottorf, Herzogin 134

Barlach, Ernst 149
Baudissin, Graf Adelbert 94, 95
Bismarck, Otto Fürst von 35, 57
Boy-Ed, Ida *131*
Brice, Pierre 133
Brüggemann, Hans 150
Buchheim, Lothar Günter 132

Christian I., König von Dänemark 34
Christian IV., König von Dänemark 39, 136
Christian VIII., König von Dänemark 149
Christian Albrecht von Gottorf, Herzog 58
Claudius, Matthias 136

Dahlström, Heinrich, Reeder 57

Ebert, Friedrich *63*, 64
Eichendorff, Joseph von 120
Engholm, Björn 154
Eulenspiegel, Till *28*, 149
Everling, Henry *63*

Fontane, Theodor 82
Friedrich II., Kaiser 28
Friedrich VI., König von Dänemark *85*
Friedrich III. von Gottorf, Herzog 136
Friedrich August, Fürstbischof 135
Friedrich, Caspar David 130, 154
Friedrich, Herzog 15

Göttrik, König 25 f.
Grass, Günter 130, *131*
Groth, Klaus 114
Gudewerdt d. Ä., Hans 135, 149
Gudewerdt d. J., Hans 135

Hans, König 15
Harald Blauzahn, König 26
Hebbel, Friedrich *130*
Heide, Henning von der 142
Heinrich der Löwe 16, *21*, *29*, 142, 149
Heinrich I., deutscher König 26
Herder, Johann Gottfried von 135
Hindenburg, Paul von *60*, 64
Hitler, Adolf 29, 142
Hoffmann von Fallersleben, August Heinrich 141

Joachim Ernst von Gottorf, Herzog 149

Karl der Große, Kaiser 141
Karl Peter Ulrich von Gottorf, Herzog (später Zar Peter III.) 34
Katharina die Große, Zarin 34
Ketels, Arfst 40
Ketels, Erk 40
Kirsch, Sarah *131*
Klopstock, Friedrich Gottlieb 136
Krüss, James 141
Kunert, Günter 131

Lehne, Gustav *63*
Lenz, Siegfried 87, *131*
Lichtenberg, Georg Christoph 64
Liliencron, Detlev von *130*
Ludwig I., der Fromme, röm. Kaiser 25

Mann, Heinrich 29, *131*, 132, 142
Mann, Thomas 29, *131*, 132, 142
May, Karl 133
Memling, Hans 142
Meyn, Claus 40
Moltke, Helmuth Graf von 57
Mommsen, Theodor *130*
Müller, Julius *63*

Napoleon I. 35, 40
Nolde, Emil *49*, 113, 129, *130*, 132, 154
Noske, Gustav *63*, 64

Oesau, Wanda 40
Oluf, Hark 133
Otto der Große, Kaiser 25
Ovens, Jürgen 151

Reumann, Kurt 114
Reuter, Fritz 155
Rieger, Josef *63*
Ringerink, Heinrich *101*

Schumacher, G. F. 96
Shaw, George Bernard 149
Stolberg, Friedrich Leopold Graf von 136
Storm, Theodor *42/43*, 90, *130*, 132, 141
Störtebeker, Klaus *31*
Swyn, Peter 134

Tischbein, Johann Heinrich Wilhelm 136

Verne, Jules 120
Voß, Heinrich 132, 136

Waldemar II., König von Dänemark 16
Weber, Carl Maria von *130*, 132
Weigel, Christoph *29*
Werner, Friedrich Bernhard *30*
Wienbarg, Ludolf 1
Wilhelm II., Kaiser 64

Orts- und Sachregister

Ahlbeck, Seebad 10
Ahrensburg, Schloß *153*
Altona 39, 40, 57, 81
Amrum 10, 40, 64, *73*, *133*
Angeliter 9, 95
Angeln (Landschaft) 9, 12, 16, *100*, 133
Angeln (Sport) 9, *56*
Arnis *100*, 133
Ars Baltica 154

Backsteinbauweise 132 f., 135, 141 f.
Bad Bramstedt 64
Bad Oldesloe 64
Bad Segeberg 16, 64, 133, *133*
– Kalkberg 16, 133
Bauern 15 f., 34, 113, 117
Bauernrepublik 15 f., 134
Bedenfleth *22/23*
Bergen 28
Bistümer 16, 25, 134, 149 f.
Bleekenwarf 87 f.
Blickstedt *126*, *127*
Bordesholm 118, 134, 150
Brauchtum *73*, *85*, *119*, 149, 154
«Braunschweiger Löwe» 149
Brokdorf 131
Brunsbüttel 57, 131, 134
Buchwald (Adelsfamilie) 149, 154
Bungsberg 9
Burg (Fehmarn) 136, *154*
Bürgertum, Lübecker 34, 39

Christianisierung 16, 25, 133
Cismar 25, 135
Cuxhaven 64

Dänemark 16, 25, 26, 34 f., 39, 40, 57, 90, 94, 113, 133 ff., 141
Danewerk 16, 25, 28, 35, 151
Deiche 10, 12, *44*, 81 f., 87 ff., 114
Deutsch-Dänischer Krieg 1848/50 *36*
Deutsch-Dänischer Krieg 1864 *36*, *37*, 58
Deutscher Bund 35, 149
Dieksee *122*
Dithmarschen 15 f., 34, 39, 113, 134, 154
Doberan 64
Dreißigjähriger Krieg *124/125*
Dünenhalmpflanzer *82*, *86*
Düppeler Schanzen *36*, *37*

Eckernförde 132, 135, 154
Eckernförder Bucht 10, 135

Ehmkendorf, Schloß *152*, 154
Eider 9, 25, *54/55*, 57, 113, 117, 130, 135, 150, 151
Eiderdeich 114
Eider-Kanal 57
Eiderstedt 9, *46/47*, *53*, 113 f., 135
Eiszeit 12, 132
Elbdeich 12
Elbe *22/23*, 39, 40, 58, 132, 142
Elbe-Lübeck-Kanal 142
Elbmarschen 12, 16, 40
England 9, 40, 133, 141
Essen und Trinken *84*, *105*, *126*, *127*, 154
Eutin 132, 135 f.
- Schloß *123*, 135
Everschop 135

Fähren 58, *65*, *68*, 120, 142, *148*
Fauna und Flora *115*
Fehmarn 136
Festivals und Feste 154
Fischersiedlungen *41*, *77*, *98/99*, 150
Fischfang 9, 12, 39, *46/47*, 57, *69*, *83*, *84*, 136, 142
Flensburg 10, 12, 16, 38, 58, 81, 90, 94, 132
- Altstadt *146*
- Hafen 57
- Nikolaikirche *101*
- Südermarktplatz *101*
Flensburger Förde 132, 133, 136
Flora und Fauna 132
Föhr 10, 40, 57, *76*, 82, *84*, 136, *147*, 155
Förden 81, 132
Fremdenverkehr 64, 114, 132 f., 136, 141
Friedrichskoog *41*, *95*
Friedrichstadt 10, *13*, 16, *54/55*, 113, 114, 130, 136, *137*
Friesen 16, 39, *49*, *84*, 141
Frühzeit *27*, 133, 152

Garding 81, 135
Gebietsreform von 1970 113
Geest 12, 58, 64, 81, 113, 120, 132
Geographische Lage 132
Germanenzeit *27*
Geschlechterverbände, Dithmarscher 134
Glücksburg 10, 136
Glückstadt 10, 12, 39 f., 57, 136
«Gorch Fock» (Schiff) *1*, *5*
Gottorf, Herzöge von 34, 135
Gottorf, Schloß → Schleswig
Grander Heide *24*
Grander Mühle *24*
Granitquaderkirchen 133, 149
Gremsmühlen *128*
Grenzziehung *37*, 38
Grönlandfahrten 40, 57
Großer Plöner See 149
Güldenstein, Schloß *153*, 154

Haddeby 151
Haddebyer Noor 26, 151
Hadersleben *37*
Haffkrug *63*, 64, *106/107*
«Hähnekrähen» 154
Hahnheide *24*
Haithabu 16, 25 f., *27*, 113, 150, 151
- Wikingermuseum 26, 151
Halligen 81, 88, 136
Hamburg 10, 16, 29, 39, 58, 129, 136
Handel *18/19*, 25, 28 f., *31*, 39, 81, 113, 135, 142, 150
- Rumhandel 57, 136
Hanse 28 f., *30*, *31*, 39, 136, 142
Häuserformen 135, 136, 141, 142, 149
- «Pesel» *73*, *85*, 136
- Bauernhöfe 12, *83*, *102/103*
- Einraumhäuser 113
- Fachwerkhäuser *21*
- Friesenhäuser *72*, *73*, *77*, 136
- Haubarg (Hauberge) 113, 135
- Katen *53*, *73*, *79*
Heide 10, 15, 134
Heikendorf 63
Heiligenhafen *117*
Helgoland *140*, 141, *141*
Hemmingstedt 81
Herrenhäuser 154
Herzhorn 12
Heverschop 113
Heverstrom 113
Holland 113, 130, 136
Holstein, Herzogtum 16, 35, 95, 132
Holstein-Gottorf, Herzöge von *97*
«Holsteiner Austern» 82
Holsteiner Gutsräucherkate *126*, *127*
Holsteinische Schweiz 9, 64, *121*
Hooge *69*, *73*, *85*, 136
Hörn 59
Hörnum *68*, *150*
Hörnum Odde 151
Hoyer 81
Husby 133
Husum 10, *42/43*, 82, 95 f., 113, 129, 132, 141, *147*
- Nissenhaus 141
- Nordfriesisches Museum 141
- Schloß der Gottorfer Herzöge 141
- Theodor-Storm-Museum 141

Industrialisierung 40, 57, 142
Itzehoe 12, 81, 141

Jütland 26, 81

Kaiser-Wilhelm-Koog *44*
Kampen (Sylt) 132, 151
Kanalbau 57 f.
Kappeln *100*
Karl-May-Festspiele 16, *133*
Keitum (Sylt) *77*, 151
Kellersee *122*
Ketelsbüttel, Schleuse bei 15
Kiel 9, 12, *30*, 39, 57, 58 ff., *90*, *91*, 132, 141 f.
- Christian-Albrecht-Universität 58, 60, 95, 114, 134, 141
- Gaarder 142
- Galerie Sfeir-Semler 154
- Hafen *1*, *6/7*, 119
- Kunsthalle 151
- Nikolaikirche *6/7*
- Rathaus *6/7*, *143*
- Reventlow-Brücke *92/93*
- Sammlung Pommern 151
Kiel-Holtenau 57
Kieler Bucht 117, 119
Kieler Förde 59, 64, 141 f.
«Kieler Woche» 60, 63
Kirchenbau 133, 134, 149
Klanxbüll *60*, 87
«Der Kleine Heinrich» (Schiff) 40
Kleinstaaterei 16
Klima 9 ff., 132
Klöster 25, 28, 149
«Knicks» 12, 81
Knorpelbarock 135
Koggen 28
Koppelsystem (Landwirtschaft) 81
Kreidemühlen 12
Kühe 12, *76*, 113
Kunst und Kultur 132

Laboe 63 f., 142
Landesregierung 38, 60,
Landschaftsgliederung 132
Landwirtschaft 12, 58, 81, 113, *116*, 117, 120, 136, 151
Langeneß 136
Lauenburg *21*, 132, 142
Lauenburg, Herzogtum 12, 16, *17*, *18/19*, 35, 149, 154
«Lauenburger Akademie» 149
Lensahn 154
Limes Saxoniae 16
List (Sylt) *79*
Listland 151
Londoner Vertrag von 1852 35, 95
Lübeck 10, 12, 16, 25, 28 f., *30/31*, *34*, *35*, 58, 120, 132, 142
- Aegidienkirche 29
- Alter Hafen *2/3*
- Breite Straße *32*
- Buddenbrookhaus 142
- Burgtor 29, 142
- Dom 29, 142
- Füchtings Hof 142
- Glandorps Hof 142
- Heilig-Geist-Hospital 142
- Holstentor 29, 142
- Jacobikirche 29, 142
- Katharinenkirche 29, 142
- Koberg 142
- Marienkirche *8*, 29, *35*, 142
- Marionettentheater 142
- Marktplatz *33*
- Petrikirche 29, 142
- Rathaus 29, *32*, 142
- Schifferhaus *32*
- St.-Annen-Museum 142, 154

Lübecker Bucht 10, 64, *108*
Lunden 81, 134
Lüneburg 142
Lütjenburg 154

Maasholm 133
Malente *122*, *128*
Marine 59, 60, 63 f., 141 f., → Kiel
Marsch 12, *44*, 81 f., 88, 113, 120, 132, 136
Mecklenburg-Vorpommern 39, 132
Meldorf 10, 15, 81, 134, 149
- Dithmarscher Landesmuseum 149
- Dom der Dithmarscher 149
- Landwirtschaftsmuseum 149
Minderheitenfrage 38
Molfsee 12
- Freilichtmuseum 12, 15, 57
Mölln 16, *18/19*, 149
- Dom 149
- Till-Eulenspiegel-Brunnen 149
Möllner See *18/19*
Moore 132
Moorleichen *27*, 151
Mooropferfunde *27*
Morsumkliff 151
Munkbrarup 133
Münzprägerecht 25, 29
Museen und Galerien 151, 154

Nationalsozialismus 39, 60, 63, 142
Nebel (Amrum) *74/75*, 133
Neukirchen *102/103*
Neumünster 132, 134
Neustadt 149
Nieblum 136
Niebüll 38, 87, 129
Niedersachsen 58, 132
Niendorf 64, *104*
Nord-Ostsee-Kanal (Kaiser-Wilhelm-Kanal) 9, 25, 57 f., *59*, 63, 134, 142, 150
Norddeutscher Bund 58
Norddorf (Amrum) *73*, 133
Norderbrarup 133
Norderney 64
Nordfriesland 12, 16, *48*, 113, 133, 154
Nordsee 9, 10, 39, *80*, 141
Nordstrand *48*, 81
Norwegen 25, 35, 57
Nowgorod 28
Nydamboot 151

Öhe, Vogel- und Naturschutzgebiet 133
Oldenburg 25, 28, 149
Oldendorf 12
Orlogsflagge 40
Oseberg-Schiff 26
Österreich 35
Osterröhnfeld *148*
Ostholstein 12, 16
Ostkolonisation 16, 154
Ostsee 10, 16, 39, 57

Panker, Gut 154
Panker, Schloß *152*
«Passat» (Schiff) 109
Pellworm *65*, *69*, 81
Plön *38*, 149, 154
- Schloß *124/125*, 149
Politische Zentren 132
Prager Frieden 35
Preetz 25, 149
Preußen 12, *36*, *37*, 57, 149
Priwall 10, *109*
Probstei 149

Rantzau (Adelsfamilie) 149, 154
Rastorf, Schloß 154
Ratzeburg 16, *21*, 149
- Dom *21*, 142, 149
- Ernst-Barlach-Gedenkstätte 149
Ratzeburger See *21*, 39, 149
Recht, dänisches 35
Recht, deutsches 35
Recht, Eiderstedter Landrecht von 1572 113
Recht, Lübisches 142
Reinbek 149 f.
Religion 113, 130, 136
Rendsburg 150
- Hochbrücke 58, 150
Reval 28
Reventlow (Adelsfamilie) 149, 154
Revolution von 1848 35
Revolution von 1918 59
Rheider Au 25, 57
«Ringreiten» 154
Ripen 25, 81
«Ripener Privileg» 34
Römer 16
Roter Haubarg *50/51*, 135
Rotes Kliff *68*, 151

Sachsen 16, 25, 133
Sachsenwald *24*
Salzstraße *18/19*, 28, 142
Satrup 133
Schaalsee 39
Schafzucht *44*, *45*
Scharbeutz *94*, *109*
Schauenburg, Grafen von 34
Schenefeld 129
Schiffahrt 58, 119, 120, 150
Schiffsbau *29*, *30*, 39, 59
Schilksee 63
Schirensee 118
Schlacht von Eckernförde *36*
Schlacht von Hemmingstedt 15
Schlei 16, 25, 26, *98/99*, *100*, 133, 150, 151
Schleswig (Herzogtum) 35, 95, 132
Schleswig 25, 26, 132, *146*, 150
- Dom 133, 150
- Holm *98/99*, *146*, 150
- Irrenhaus 94 f.
- Landesmuseum für Vor- und Frühgeschichte 151
- Schleswig-Holsteinisches Landesmuseum 25, 150, 151
- Schloß Gottorf 34, *97*, 150
Schleswig-Holstein Musikfestival *20*, 132, 154
Schleswig-Holstein-Glücksburg, Herzöge von 136
Schleswig-Holstein-Gottorf, Herzöge von 150
Schleswig-Holstein-Kanal 151
Schlüttsiel 136
Schrevenborn 114
Schwaabstedt 16
Schwansen 16
«Schwarze Garde» 15
Schweden 35, 57
Schwentine 59, *128*, 149
Schwerin 142
Seebüll *49*, 87, 154
Seen 132
Seeräuber *31*
Segeln 60, *109*
Selker Noor 25
Simonsberg 135
Slawen → Wenden
«SM Hohenzollern» (Schiff) 59, *92/93*
«SMS München» (Schiff) *59*, *61*
Sonderburg *37*
«Sonderburger Linien» 16
Sprachen 154 f.
St.-Peter-Ording, Vor- und Hintersatz *52*, *53*, 114, 135
Stecknitzkanal *18/19*, 142
Steenodde (Amrum) 133
Stör 12, *22/23*, 141, *144/145*
Stör-Deich 130
Strandleben 10, *14*, *52*, *62*, 63 f., *66/67*, *78*, *80*, *106/107*, *109*
Sturmfluten *48*, *65*, *68*, *85*, 113, 136,
Stutzbasiliken 134, 149
Sylt 40 *62*, 64, *66/67*, *68*, *70/71*, 82, 132, 151
- Ellenbogen *78*
- Hindenburgdamm *60*

Tating 113, 135
Thorsberger Moorfunde *27*
Timmendorf *104*, *109*
Timmendorfer Strand *104*, *108*
Toftum (Föhr) 40
Tondern 81
Tönning 9, *50/51*, *56*, 113, 114, 135, 151, *151*
Tourismus → Fremdenverkehr
Tracht *49*, *84*, *85*, *118*, *140*
Tranbrennerei 40, 57
Trave 29, *34*, 120, 142
Travemünde *62*, 64, *94*, *104*, *109*
Travemünder Strand *112*
Treene 16, 25, 57, 113, 130, 136, 150

Utholm 113, 135

Verkehrswege 129
Versailler Vertrag 35, *37*
Viehmärkte 141
Vierer See *121*

Visby 28
Vollerwiek 113, 114
Vorpommern 10

Wahlstorf, Schloß 154
Wakenitz 39, 142
Walfang *29*, 39 f., 133, 136
Wandsbek 39
Warften (Wurten, Worten) 135, 136
Wasserleben *37*
Wattenmeer *80*, 88, 132, 136
Weimarer Republik 11, 60
Weltkrieg, Erster 35, 63, 142
Weltkrieg, Zweiter 29, *35*, 63, 141, 142
Wenden 16, 25, 26, 28, 133, 149, 154
Wenningstedt (Sylt) *2/3*, *66/67*, *68*, *89*
Werften 40, 57, 58 ff., *117*, 141
Westerhever *53*, *138/139*
Westerland (Sylt) *60*, *70/71*, *87*, 151
Westküste 40, 57
Wewelsfleth 130
Wikinger 25 f., *27*, 57, 113, 133, 150
Wilstermarsch *83*
Windmühlen *22/23*
Witzwort *46/47*
Wotersen, Schloß *17*, *20*
Wyk (Föhr) *14*, 64, *69*, *72*

«Zwölf Berge» 12

Text- und Bildnachweis

Der Fotograf

Tom Krausz, geboren 1951 in Hamburg, Studium der Fotografie. Seit 1978 freier Fotograf. Lebt in Hamburg.

Die Autoren

Norbert Gansel, 1940 in Kiel geboren. Seit 1972 direkt gewählter Bundestagsabgeordneter für den Wahlkreis Kiel.

Ralf Schröder, geboren 1958 in Glückstadt, Studium der Skandinavistik, Volkskunde und Politikwissenschaft. Seit 1987 als freier Journalist tätig. Lebt in Hamburg.

Hannes Hansen, Studium der Germanistik, Anglistik und Kunstgeschichte. Gymnasiallehrer und freier Journalist. Lebt in Kiel.

Textnachweis

Jens Baggesen: Das Labyrinth oder Reise durch Deutschland in die Schweiz 1789. © 1985 Gustav Kiepenheuer Verlag Leipzig und Weimar (für die deutsche Übertragung von Gisela Perlet).
Graf Adelbert Baudissin: Schleswig-Holstein meerumschlungen. Stuttgart: Eduard Hallberger 1865.
Joseph Freiherr von Eichendorff: Tagebuch. 1805, in: Jan Herchenröder: Typisch Schleswig-Holstein. Frankfurt a. M.: Weidlich Verlag 1983.
Theodor Fontane: Der Schleswig-Holsteinische Krieg im Jahre 1864. Berlin: Königlich Geheime Ober-Hofbuchdruckerei 1866.
Günter Kunert: Fensterblicke auf Geest und Marsch, in: Das Reiselesebuch Deutschland, Hrsg. Theodor Geus. Frankfurt a. M.: Societäts-Verlag 1983.
Siegfried Lenz: Deutschstunde. Hamburg: Hoffmann und Campe Verlag 1968.
Kurt Reumann: Eiderstedt, in: Deutsche Landschaften, Hrsg. N. Benckiser. Frankfurt a. M.: Societäts-Verlag 1972.
G. F. Schumacher: Genrebilder eines 70jährigen Schulmannes. Schleswig 1841, in: Jan Herchenröder: Typisch Schleswig-Holstein. Frankfurt a. M.: Weidlich Verlag 1983.
Theodor Storm: Der Schimmelreiter, in: Sämtliche Werke in zwei Bänden. München: Winkler Verlag 1977.
Jules Verne: Reiseberichte. 1882, in: Jan Herchenröder: Typisch Schleswig-Holstein. Frankfurt a. M.: Weidlich Verlag 1983.

Bildnachweis

Archiv für Kunst und Geschichte, Berlin: S. 27 o.r. und u. (3), 28 (2), 36 u., 37 o.r. und u. (2), 130 u.r.
Bildarchiv Preußischer Kulturbesitz. S. 27 o.l. und M. (3), 29 (2), 30/31 (5), 32 (3), 33, 34, 35, 36 o., 83 (2), 130 o.l. und o.M., 131 o.l.
Sammlung Erich Schenck, Hildesheim: S. 59, 61, 62 u.r., 140 o.r. und u.M.
Süddeutscher Verlag: S. 91, 92/93.
Transmedia Bildagentur: S. 10, 13, 15, 38, 116 (2), 117, 118, 119, 133, 141, 143.
Ullstein Bilderdienst, Berlin: S. 37 o.l. und M. (2), 60, 63, 84 (3), 85 o., 130 o.r., u.l. und M. (3), 131 o.M., o.r. und u. (5).
Bildarchiv C. J. Bucher Verlag: S. 62 o. und u.l. (2), 82, 85 u. (2), 86, 87, 89, 90.
Aus «Helgoland», hrsg. von H. P. Rickmer, mit freundlicher Genehmigung des Carl W. Dingwort Verlags, Hamburg: S. 140, zweite Reihe.
Aus «Helgoland» von Adolf Lipsius, Leipzig ²1895: alle weiteren Abbildungen auf S. 140.
Alle übrigen Abbildungen stammen von Tom Krausz, Hamburg.
Die Karte auf Seite 155 zeichnete Astrid Fischer-Leitl, München.

Vor- und Hintersatz: Schaufensterauslage in St. Peter-Ording.
Einbandfotos: Oldsum auf Föhr (Vorderseite) Der Westerhever Leuchtturm in Eiderstedt (Rückseite)

Wir danken allen Rechteinhabern und Verlagen für die Erlaubnis zum Nachdruck. Trotz intensiver Bemühungen war es aber nicht möglich, alle Rechteinhaber zu ermitteln. Wir bitten diese, sich an den Verlag zu wenden.

Impressum

Bildkonzeption: Axel Schenck
Lektorat: Bettina Blumenberg, Katrin Ritter
Anthologie: Heinz Gmelch
Graphische Gestaltung: Peter Schmid, Werner Poll
Herstellung: Angelika Kerscher

Technische Produktion: Fotosatz Ressemann, Hochstadt; Repro Ludwig, A-Zell am See; Passavia-Druckservice, Passau

Printed and bound in Germany
ISBN 3 7658 1189 0